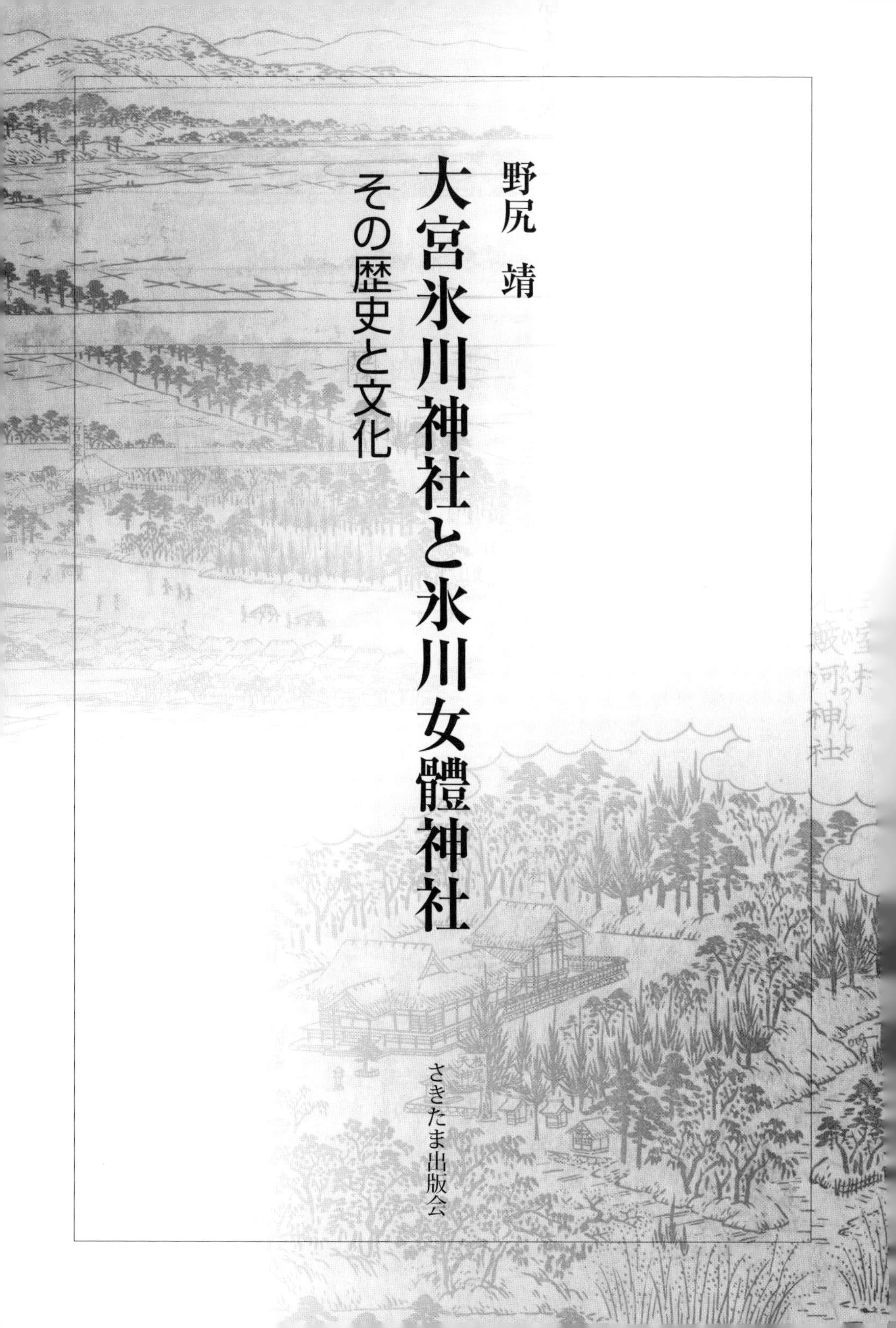

野尻　靖

大宮氷川神社と氷川女體神社

その歴史と文化

さきたま出版会

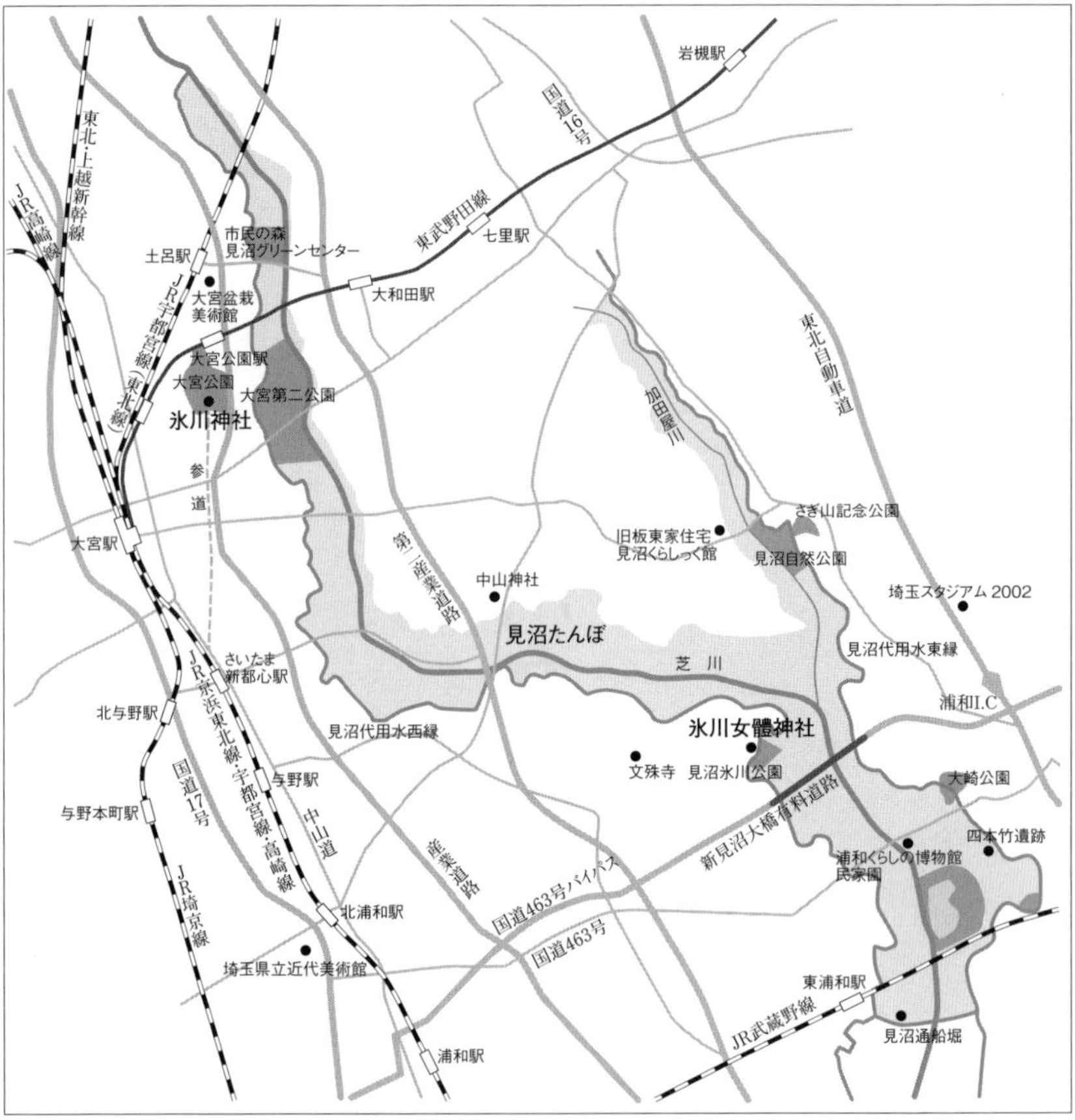

大宮氷川神社と氷川女體神社の位置図

はじめに

平成二十九年十月二十八日、大宮氷川神社では明治天皇御親祭百五十年祭が行われた。平成二十八年は、明治天皇が大宮氷川神社に行幸してから一五〇年目に当たるためであった。明治天皇が大宮氷川神社を武蔵国鎮守、勅祭の社と定めたことにより、今でも毎年八月一日の例祭には勅使が派遣されるなど、大宮氷川神社は関東を代表する屈指の大社といえる。徳川氏による社殿の造営や明治天皇の三回に及ぶ行幸は為政者の崇敬であり、関東各地に所在する氷川神社の総本社であるという点からは、中世以降の農民活動の精神的紐帯として信仰されていたことが推測され、正月や例大祭での参詣客の多さという点は、民衆に支持され続けてきた結果といえる。つまり、大宮氷川神社はその時代その時代で、名のある人と名もなき人の信仰を集めることによって、これほどまでに有名な神社に発展していったといえる。

一方、さいたま市東部の緑区宮本という地に、氷川女體《にょたい》神社という神社が存在する。大宮氷川神社と同様に古い時代から存在していたことは事実であるが、「氷川」を社名に冠してはいるものの、当初から大宮氷川神社との関係を有していたわけではなかった。そのためか、現在の大宮氷川神社と比較すると、その扱いはいろいろな場面で低く、その知名度には圧倒的な差がある。しかしながら、北条氏と関わりのある三鱗紋《みつうろこもん》兵庫《ひょうご》鎖《ぐさり》太刀《たち》の存在や将軍徳川家綱による社殿造営など、氷川女體神社もまた、名のある人の信仰を集めていたことに変わりはない。社宝として残される大般若波羅蜜多経《だいはんにゃはらみったきょう》や神輿《みこし》・瓶子《へいし》などの文化財の持つ種類や内容の豊富さ、重要性は、大宮氷川神社のそれをしのぐものがあるといっても過言ではない。

この二つの氷川神社の、現在の歴然たる差は、一つには明治維新という歴史の荒波に直接的に影響された大宮氷川神社とあまり影響されなかった氷川女體神社という点によって発生したのが大きかったと考えている。つまり、為政者の歴史や思惑が知名度や神社自体の評価を変えていったということになる。

そこで、この二つの氷川神社について、それぞれがそもそもどのような歴史や祭祀、文化を有し、長い歴史の中でどう扱われていったのかについて考えるために、第一部を「大宮氷川神社」、第二部を「氷川女體神社」と題して、さいたま市を代表する二つの氷川神社について通史的に概観していくことにした。研究者を対象としたものではなく、なるべく一般市民の方にも理解できるような表現とし、史料の引用も原典そのままではなく、読み下しを中心とした。基本的には、今回新たに書き下ろしたものが中心となるが、第二部ではこれまでに書いてきたものを改変して収録したものが一部ある。

二つの氷川神社はいずれも「見沼」のほとりに位置しており、「見沼」と極めて密接に関係していたであろうことが想像される。「見沼」の歴史は直接的にはさいたま市東半分の歴史であり、その意味からすれば二つの氷川神社の歴史もさいたま市東半分の歴史ともいえる。これまで、氷川信仰を考える上で極めて重要な役割を果たすこの二つの神社を対比する形で一冊にまとめた一般書は皆無といっても過言ではなく、本書が二つの氷川神社や氷川信仰のみならず、さいたま市やその周辺地域の歴史解明の一助となれば幸いである。

二〇二〇年二月

野尻　靖

大宮氷川神社と氷川女體神社　その歴史と文化◉目次

見沼の名残といわれる大宮氷川神社の神池

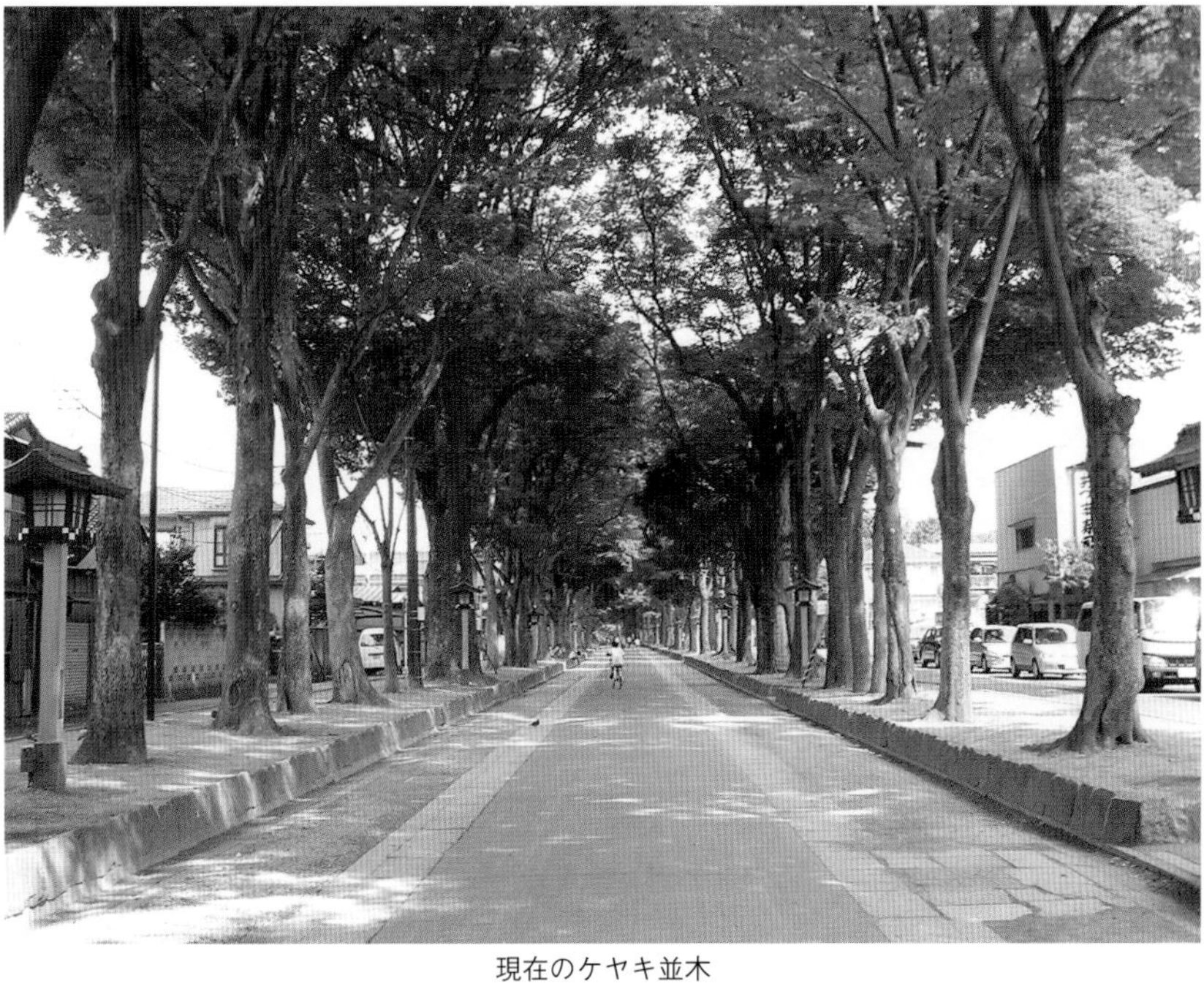

現在のケヤキ並木

現在の拝殿と本殿

東門として活用されているかつての「神門」

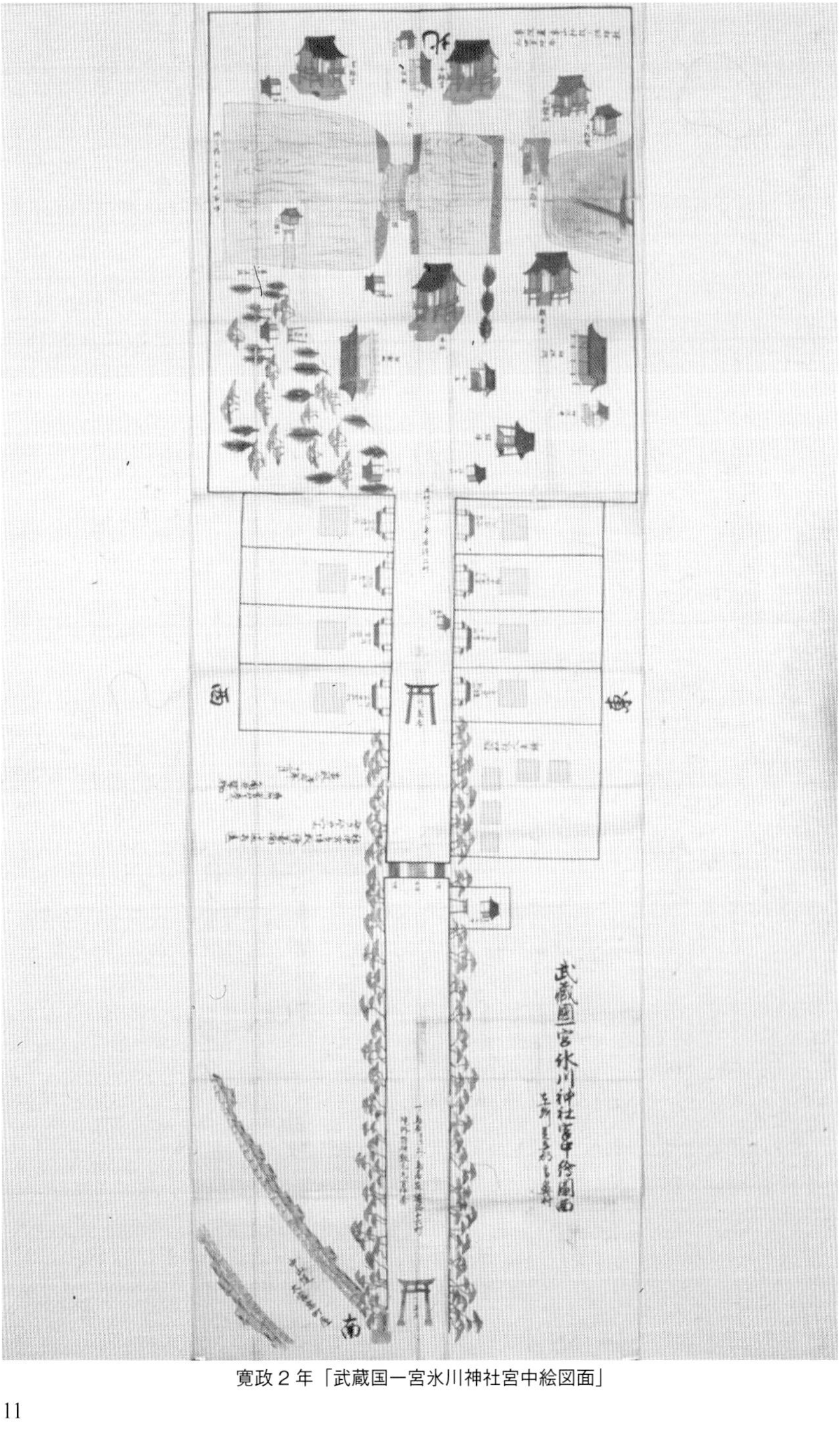

寛政２年「武蔵国一宮氷川神社宮中絵図面」

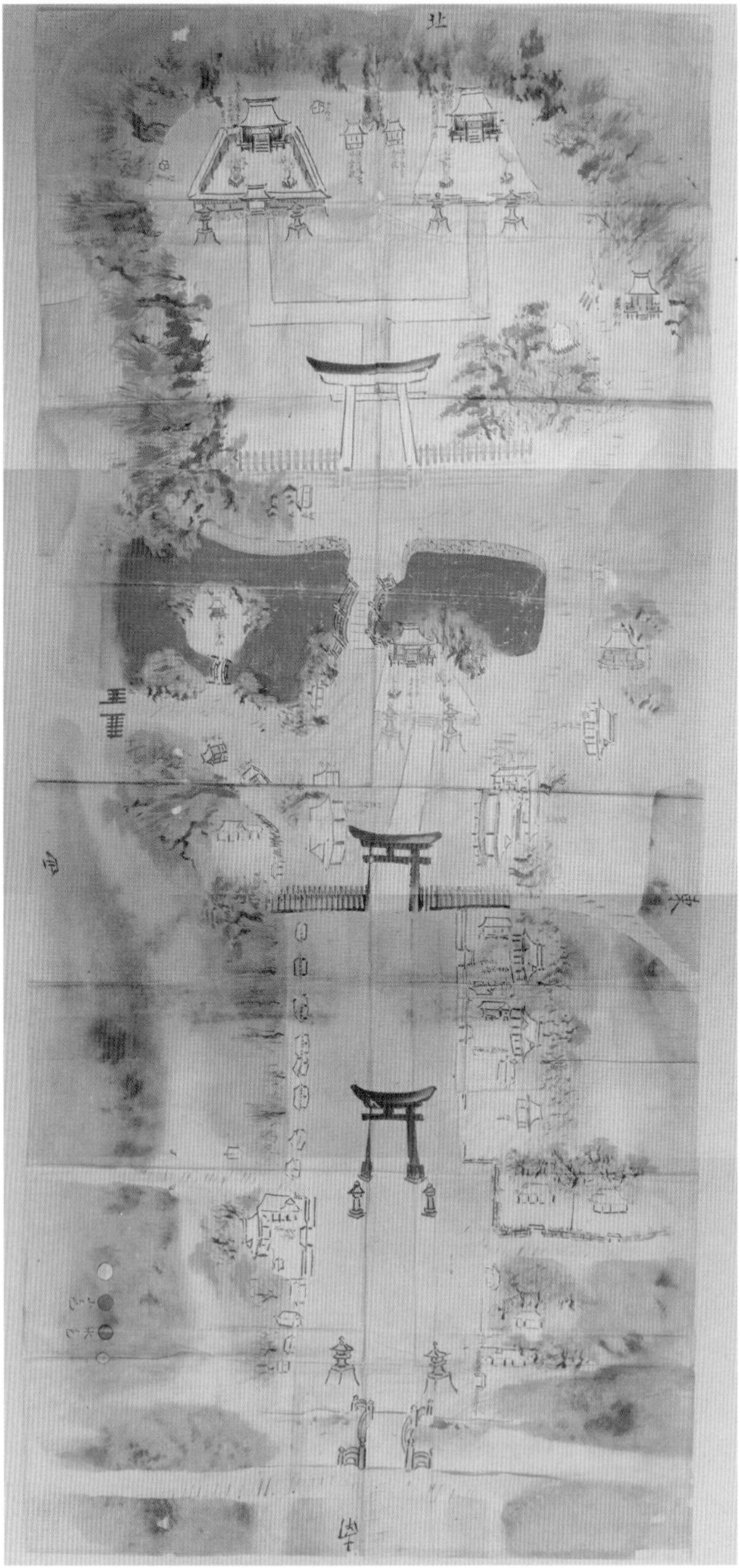

明治元年「一宮社中絵図面」

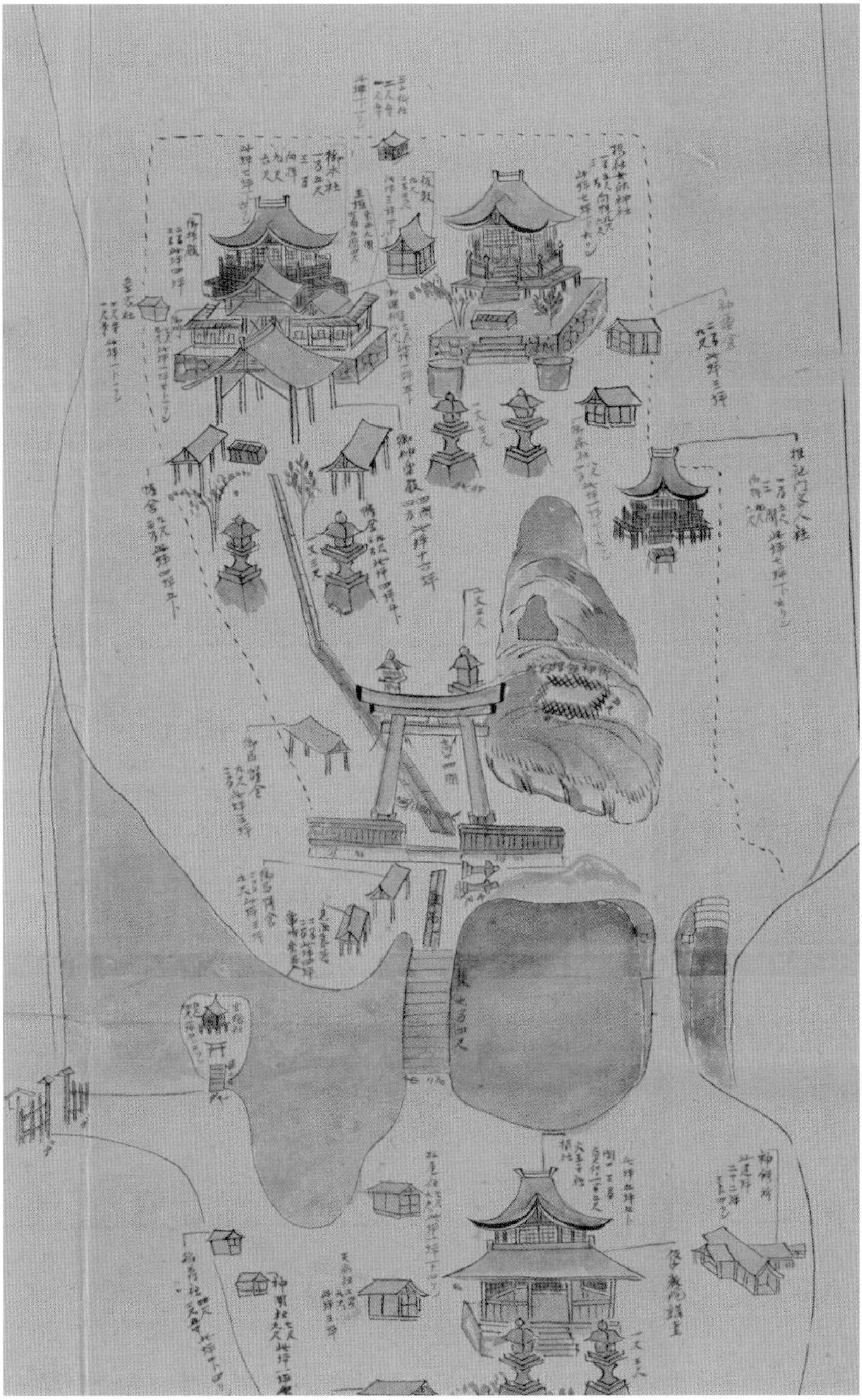

「公文附属の図」（明治時代初期）

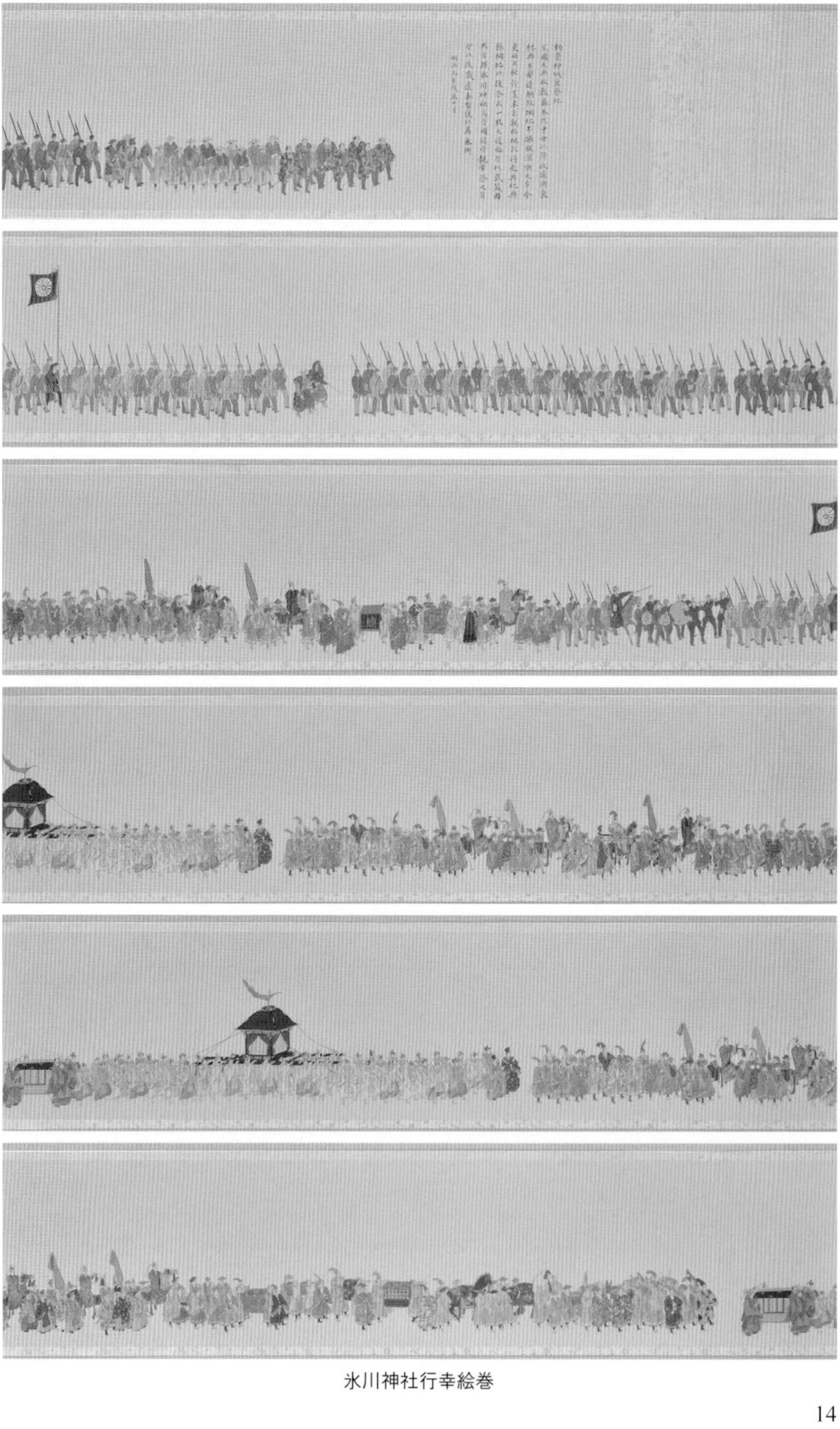

氷川神社行幸絵巻

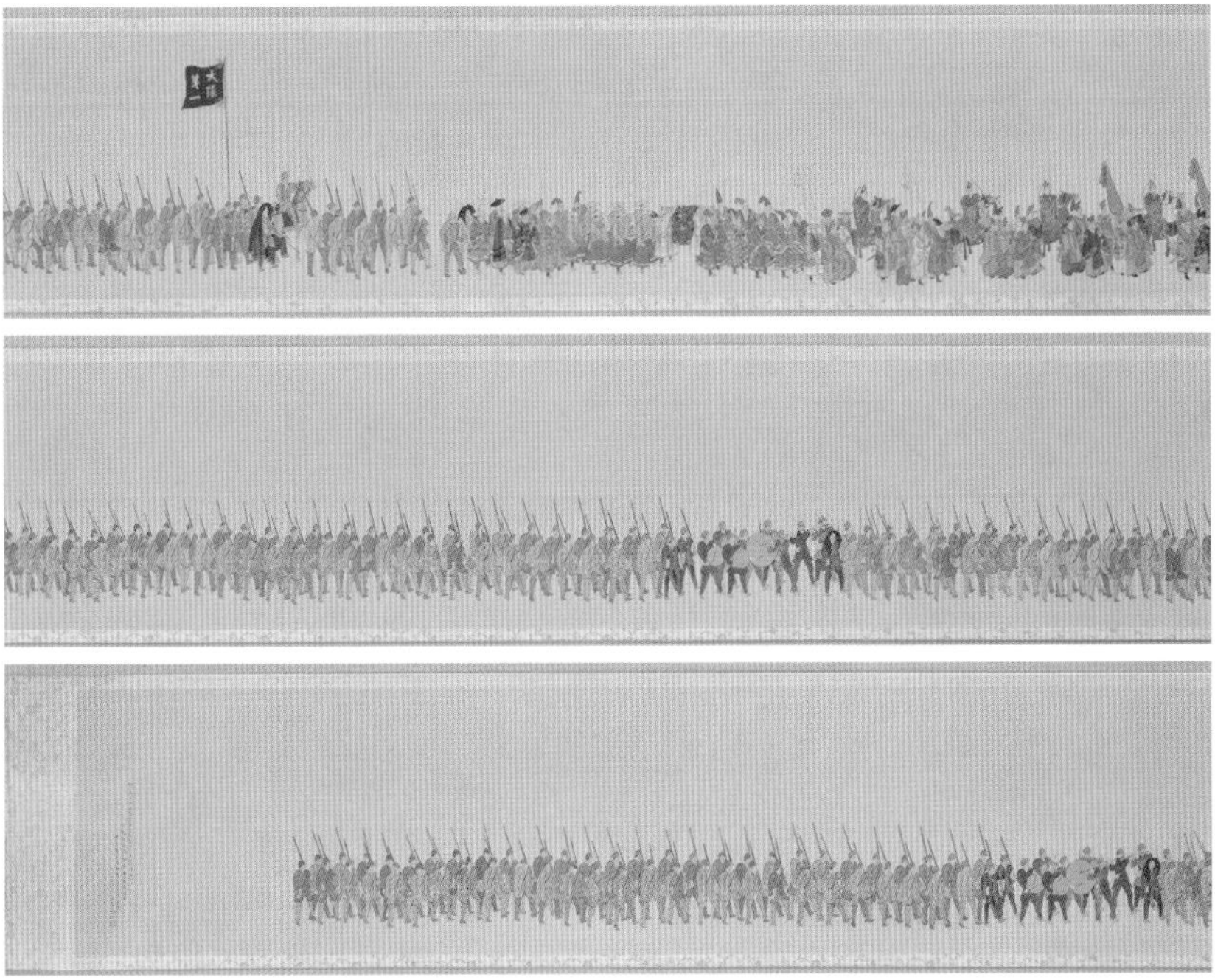

「武藏國一宮」標柱

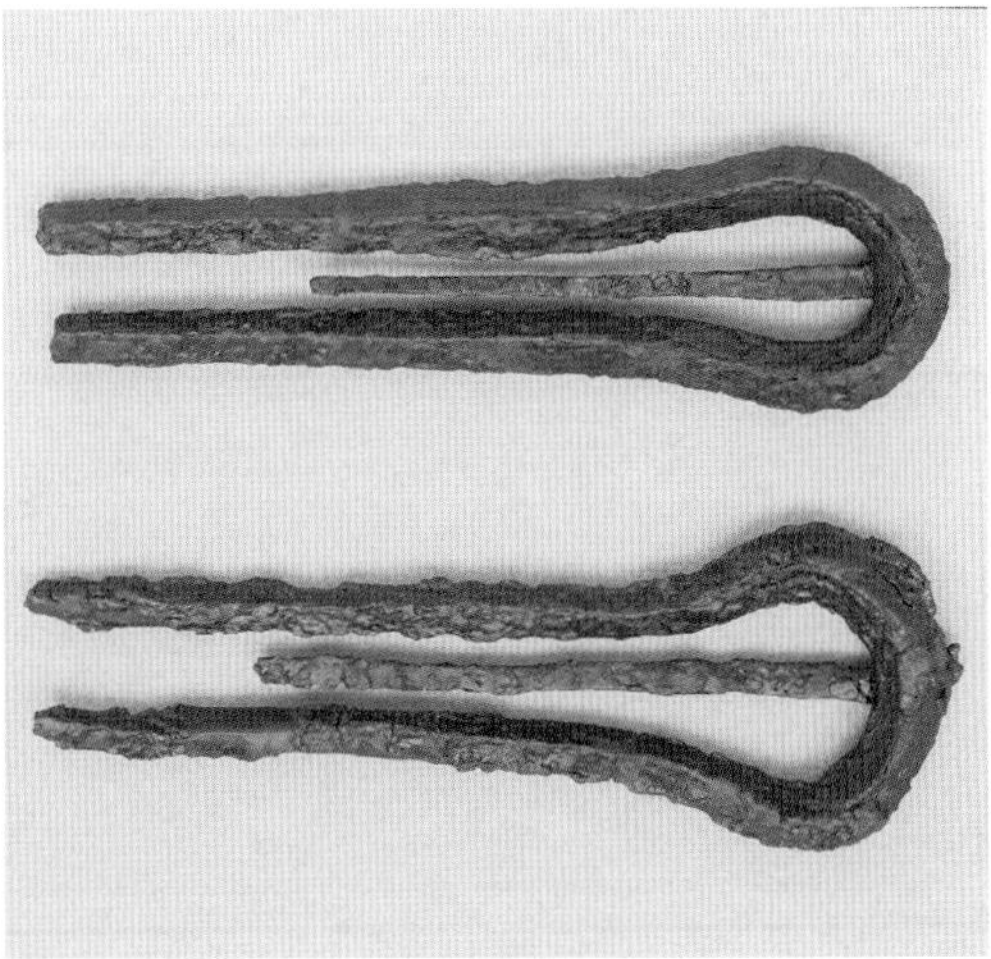

口琴

茅の輪潜り

現代の大湯祭

氷川女體神社

神社鳥居

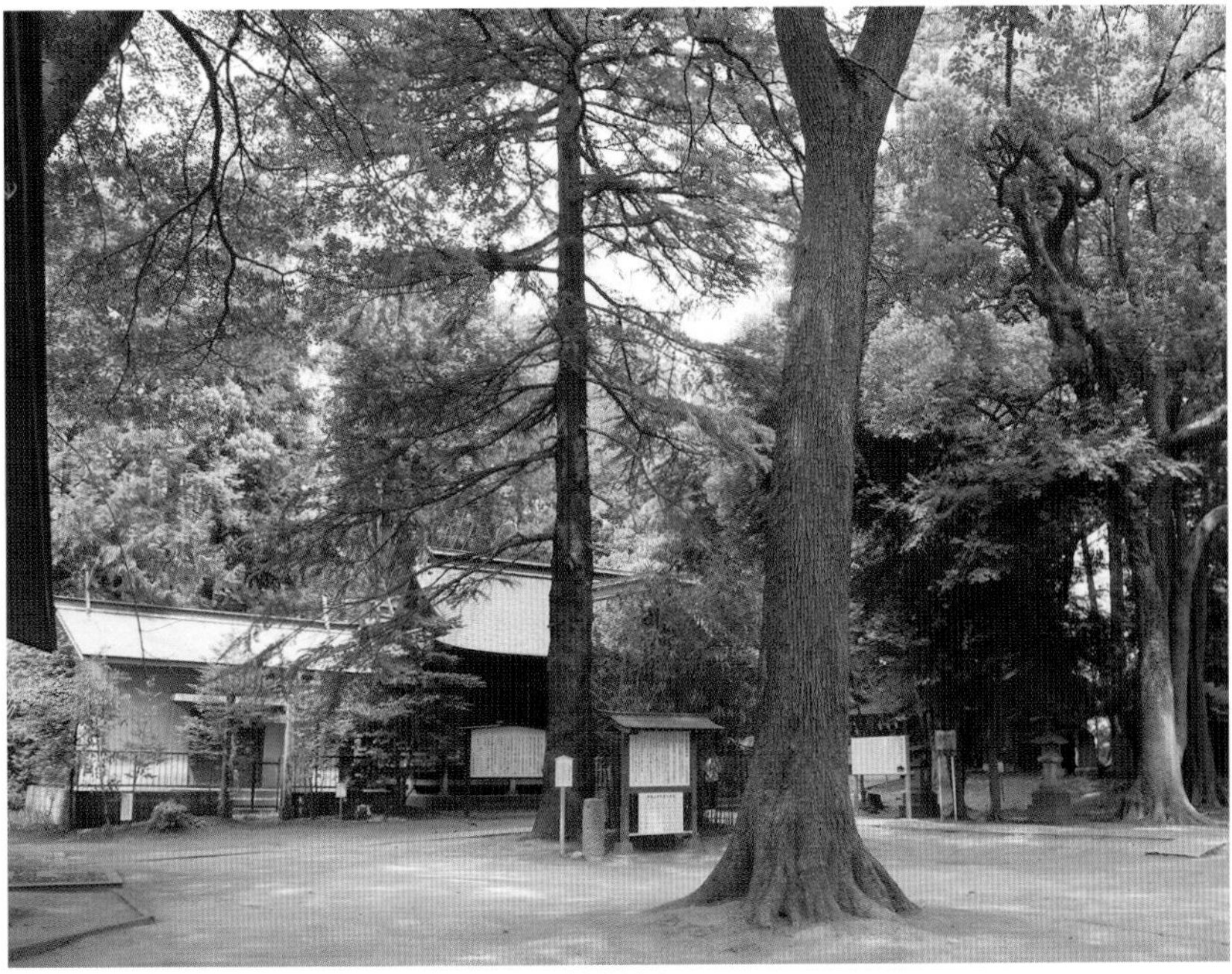

神社境内

現本殿

神輿

「武蔵國一宮　女體宮道」の石柱

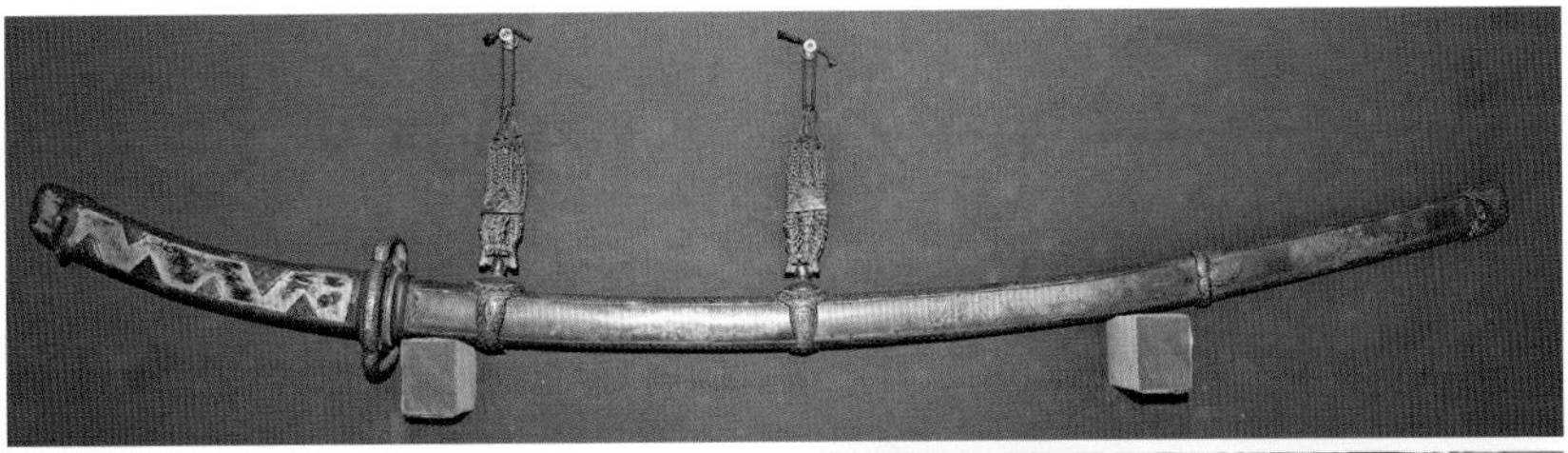
三鱗紋兵庫鎖太刀

伝徳川家康奉納鋳銅馬

三鱗紋兵庫鎖太刀（部分）

瓶子

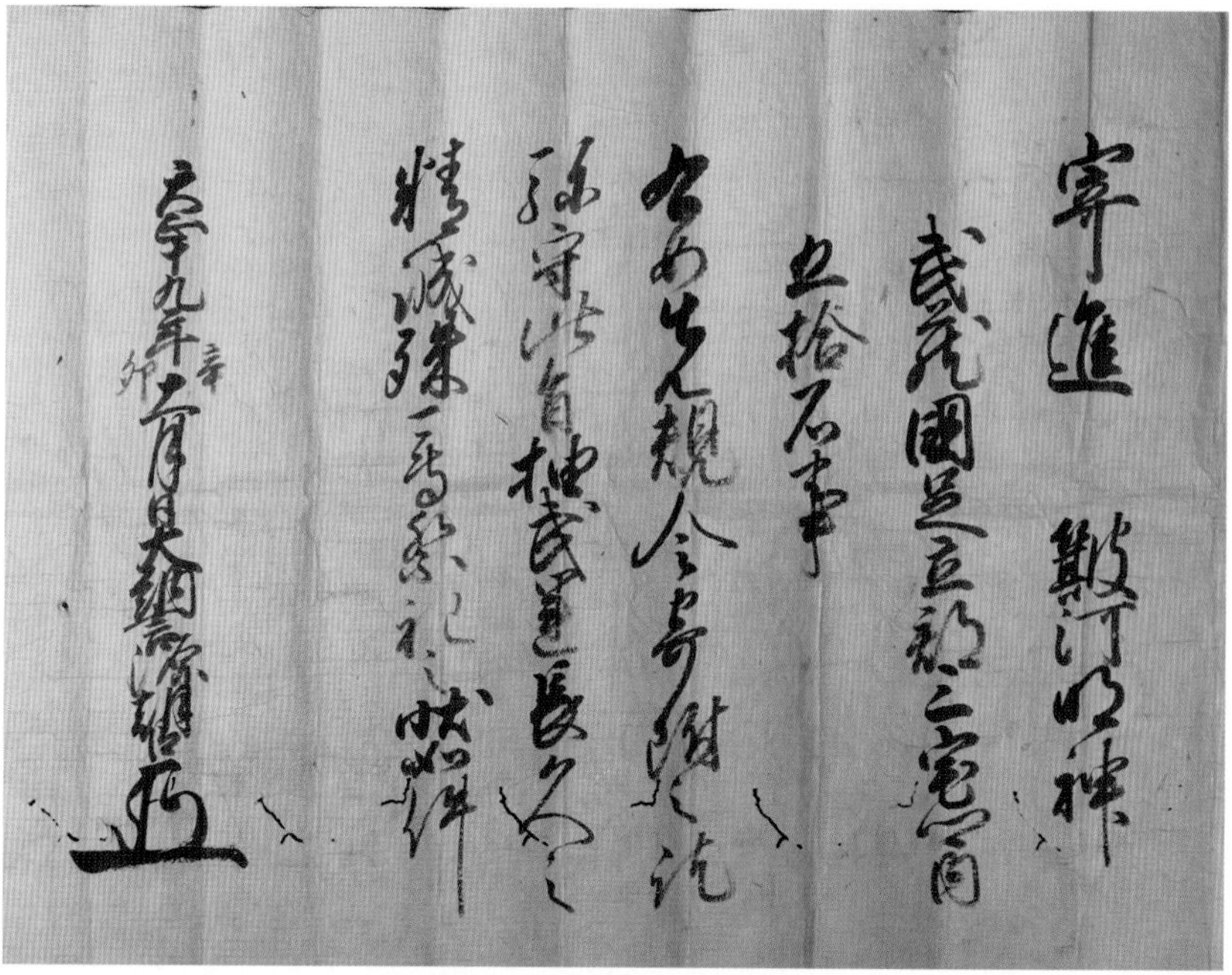

天正 19 年徳川家康社領寄進状

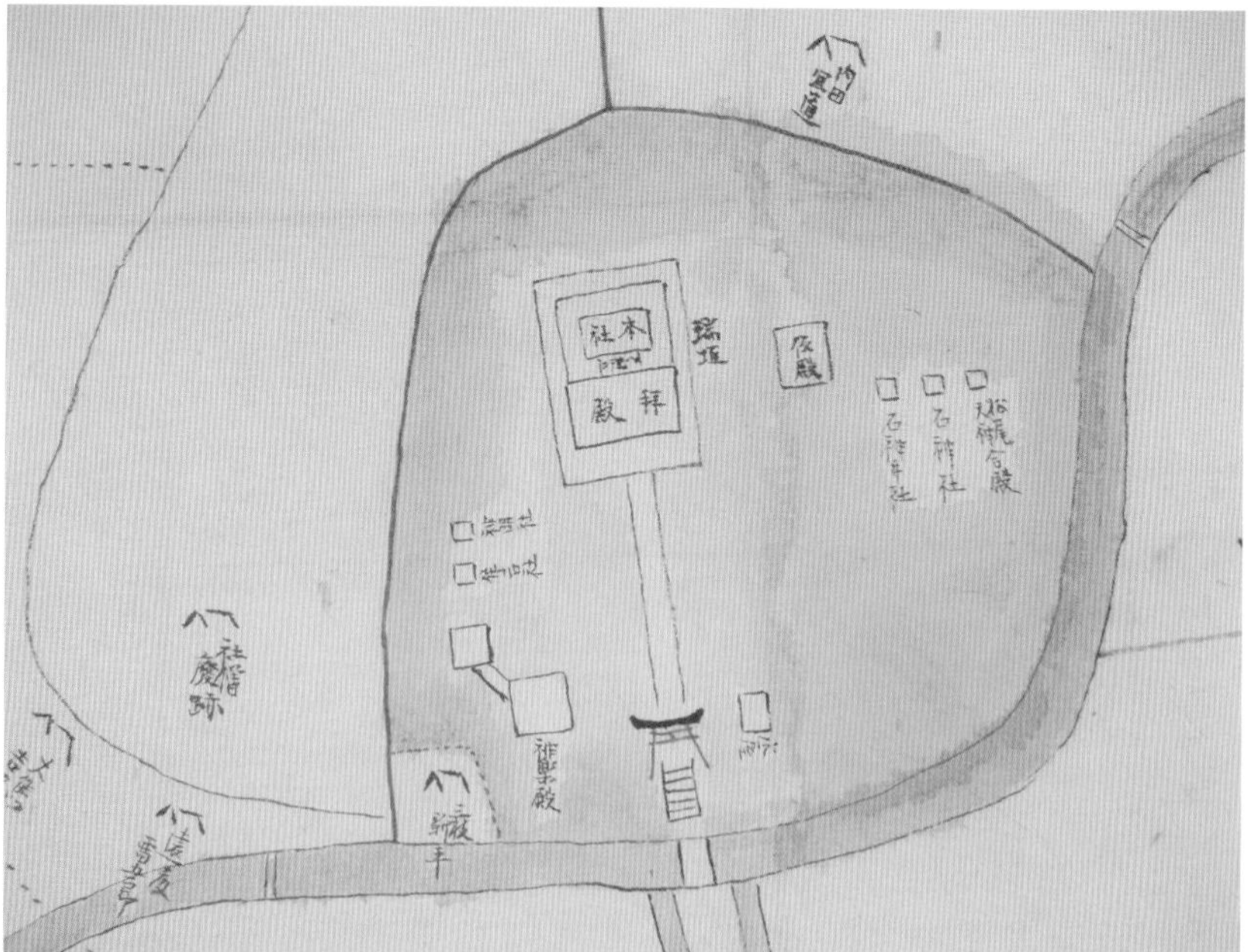

「氷川女躰神社麁絵図」(「社僧廃跡」部分)

氷川女體神社の社僧だった文殊寺

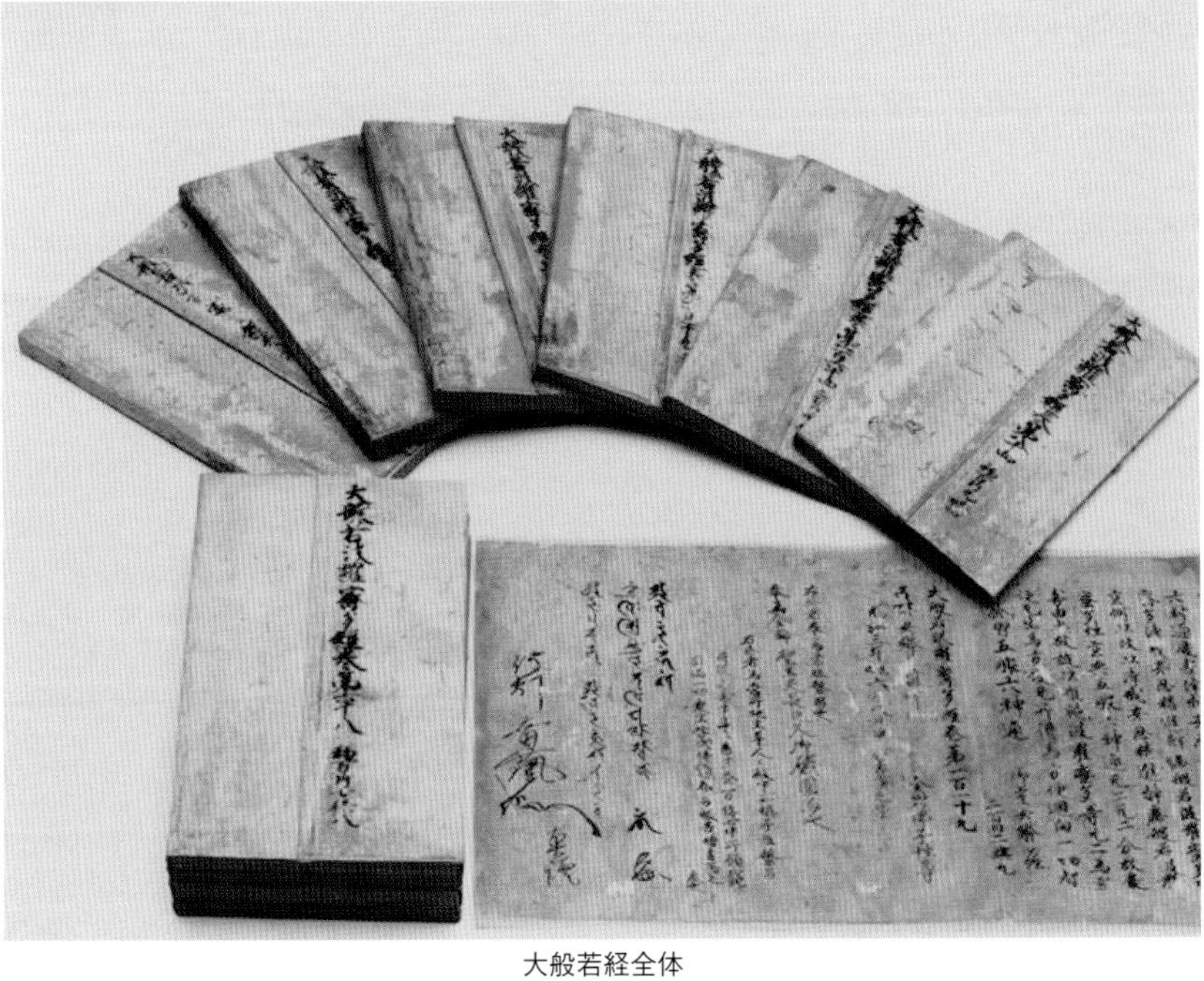

大般若経全体

四本竹遺跡全景

竜神伝説のある国昌寺の門

祇園磐船竜神祭での巫女舞

竜神まつりの行進

氷川女體神社の名越の祓の様子

見沼氷川公園の案山子の像

「武蔵国一宮」額

第一部

大宮氷川神社

I　氷川神社の歴史

一　いにしえの時代の氷川神社

「大宮」の地名の発祥ともなり、正月の初詣などで多くの参拝客を集める大宮氷川神社は、さいたま市のみならず、日本を代表する神社といえる。関東地方に多くある氷川神社の総本社でもあるこの大宮氷川神社は、どのような神社なのか。まずは、いにしえの時代の氷川神社の姿を探っていくことにしよう。

●どのような神社か

大宮氷川神社は、第五代孝昭《こうしょう》天皇の時代に、出雲《いずもの》国《くに》斐伊川《ひいがわ》上流の杵築《きづき》大社（出雲大社）の神霊を分祀したのが始まりだといわれている。祭神は須佐之男命《すさのおのみこと》、稲田姫命《いなだひめのみこと》、大己貴命《おおなむちのみこと》という出雲の神で、社名の「氷川」も「斐伊川」から取ったものだという。現在でも、大宮氷川神社の祭神はこの三神としているが、江戸時代から多くの学者の間で大宮氷川神社の祭神や成立について考証が行われており、出雲の神ではない伊弉諾《いざなぎの》尊《みこと》・伊弉冉尊《いざなみのみこと》や饒速日命《にぎはやひのみこと》などを祀ったものとする説、火の神を祀ったもので、鍛冶《かじ》や製鉄に関わる神社だという考えもあり、詳細は不明といわざるを得ない。江戸時代にできた『新編武蔵風土記稿《しんぺんむさしふどきこう》』でさえ、祭神は大己貴命としつつも、「昔ヨリ異論アリ」と記すなど、古い時代から祭神をめぐっては諸説あった。

そもそも神社の祭神は後付けであり、出雲神を祀るから当初から出雲系の神社だったというような議論は不毛である。本来、神社が「自然」に対する畏敬《いけい》から発生したとすれば、大宮氷川神社の神池が「見沼」の名残で、「見沼」に対する畏敬が神社発祥に繋がるとも考えられるが、それとて事実かどうかを確かめる術

見沼の名残といわれる大宮氷川神社の神池

はない。神社に伝わる縁起《えんぎ》や伝承などは尊重すべきではあるが、結局のところ、他の多くの神社の由来と同様に、正確なことは分からないのが実情といえる。

●発掘された氷川神社

大宮氷川神社の創立については正確なところは不明ではあるものの、氷川神社が現在建っている場所の縄文時代の様子が、少しではあるが明らかになってきている。平成二十四年に境内で行われた発掘調査によって、本殿を取り囲むように、小高い部分が馬の蹄のような形で巡っており、その直径は一七〇メートルほどあることが分かった。つまり、本殿のある部分が低く、周囲を小高い部分が取り巻いているということになる。これによって、縄文時代にこの地で何らかの営みがあったことが明らかになった。しかも、同じ時代の、同じように中央が窪地で周囲を小高く盛る馬場《ばんば》小室山《おむろやま》遺跡（さいたま市緑区）、真福寺《しんぷくじ》貝塚《かいづか》（岩槻区）、前窪《まえくぼ》遺跡（浦和区）では、その窪み部分で祭祀《さいし》などが行われていた可能性があるため、同様の地形を持つ氷川神社でも、その窪み部分で何らかの祭祀が行われていたと考えられる。馬場小室山遺跡などでは、近くに祭祀施設である神社が存在しているということも事実である。

一方、氷川神社の東一〇〇～一五〇メートルほどに氷川神社東遺跡と呼ばれる遺跡がある。現在のサッカー場や県営野球場の辺りになる。ここでの発掘調査では、平安時代の資料が出土している。平安時代の氷川神社がどこにあったかは不明ではあるが、常識的に考えて、移動していたとしても現在地とそれほど離れていない場所に所在したはずである。すると、平安時代の氷川神社とこの遺跡は、同じ時期に極めて近い場所で存在していたことになる。

この遺跡では「上寺」などと書かれた墨書土器《ぼくしょどき》、小金銅仏、口琴《こうきん》などが出土している。これらのものが氷川神社とどう関わるのかは不明であるが、出土したものからすれば、この遺跡に仏教やシャーマンのような性格を見出すことができるという。鍛冶といった職人集団の存在も考えられ、氷川神社東遺跡は宗教的な側面と職人的側面を持ち合わせた集落跡だったようであ

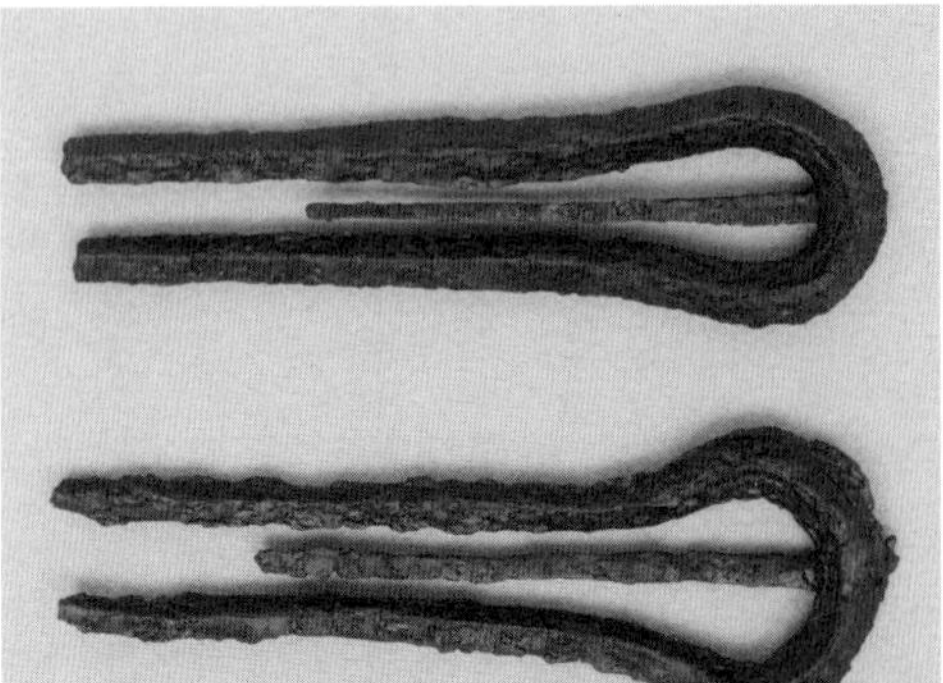
口琴

小金銅仏

る。平安時代に、このような遺跡が大宮氷川神社に極めて近い場所に存在していたのである。

●「氷川神」の位置

さて、ここからは古代の史料から氷川神社を見ていくこととする。

奈良時代の中央政府は、人間と同様に、諸国の神々に対しても神階《しんかい》と呼ばれる「位《くらい》」を授けている。「氷川神」も同様に、貞観《じょうがん》元年（八五九）に従五位下から従五位上に進み、元慶《がんぎょう》二年（八七八）には正四位上になっており、二〇年間に計六階級進んだことになる。中央政府との関係が深く、僧弓削道鏡《ゆげのどうきょう》事件で和気清麻呂《わけのきよまろ》が神託を受けたことで有名な宇佐《うさ》八幡宮（大分県宇佐市）など他の有力神社と比較すれば、その位は低い。しかしながら、中央の貴族との関係を持たなかった「氷川神」にとっては、それでも高位といえる。

同じ都から遠く離れた関東の神社でも、「鹿島《かしま》神」（鹿島神宮、茨城県鹿嶋市）は、奈良時代にはすでに正三位に進んでいるが、これは藤原氏の氏神《うじがみ》だったという特殊な例といえる。事実、平安時代に武蔵国の中で「氷川神」と同じ正四位上まで進んだ神はなかった。それだけ「氷川神」の存在は武蔵国の中で大きかったといえる。

●武蔵国の最高位

それでは、都から遠く離れた地にあり、有力な中央貴族との関係も持たない「氷川神」は、なぜ武蔵国で最も高い神階を授けられたのであろうか。これには、奈良時代の足立郡《あだちぐん》を本拠地としていた地方豪族丈部《はせつかべ》氏（後に武蔵宿禰《むさしのすくね》と称した）という一族が当時の中央政府で活躍したことが大きい。丈部氏は、任務の一つとして「祭祀」という職掌を持つ武蔵国造《むさしのくにのみやつこ》という職に任命されていることから、「氷川神」の祭祀も司っていたと思われる。奈良時代の天平宝字《てんぴょうほうじ》八年（七六四）、孝謙太上天皇《こうけんだいじょうてんのう》・道鏡と対立した恵美押勝《えみのおしかつ》（藤原仲麻呂《ふじわらのなかまろ》）が起こした反乱の鎮圧に丈部不破麻呂《ふわまろ》の功があったことから、それ以降丈部氏の一族は中央で活躍することとなり、一族は位を与えられ、天皇の身の回りの雑事を行う釆女《うねめ》になったりもした。おそらく、新興の勢力である丈部氏にとっては、望みうる最高の待遇を受けていたものと思われる。

この丈部氏の中央での活躍が、丈部氏の祀る「氷川神」に武蔵国一の位をもたらし、平安時代には、中央政府から認められた全国の神社を集めた『延喜式《えんぎしき》』神《じん》名帳《みょうちょう》に記載されることとなった。また、「名神大社《みょうじんたいしゃ》」という社格に列するとともに、国家の安泰を祈る月次《つきなみ》祭《さい》、収穫に感謝する新嘗祭《にいなめさい》といった国家規模の神事の際には、神祇官《じんぎかん》という国家官庁から供物が与えられるという武蔵国唯一の最高位に位置付けられて、国家が祭祀を行う神社として重視されていたということになる。

このように、地方にありながら、また有力貴族との関係を持たないにもかかわらず、確固たる地位を築いた氷川神社であったが、平安時代の半ば、奉祀する丈部氏に大きな変化が発生した。不破麻呂以来一五〇年以上氷川神社の祭祀を司っていたこの一族は、武芝《たけしば》の代の承平《しょうへい》八年（九三八）、平将門《たいらのまさかど》の乱の影響で氷川神

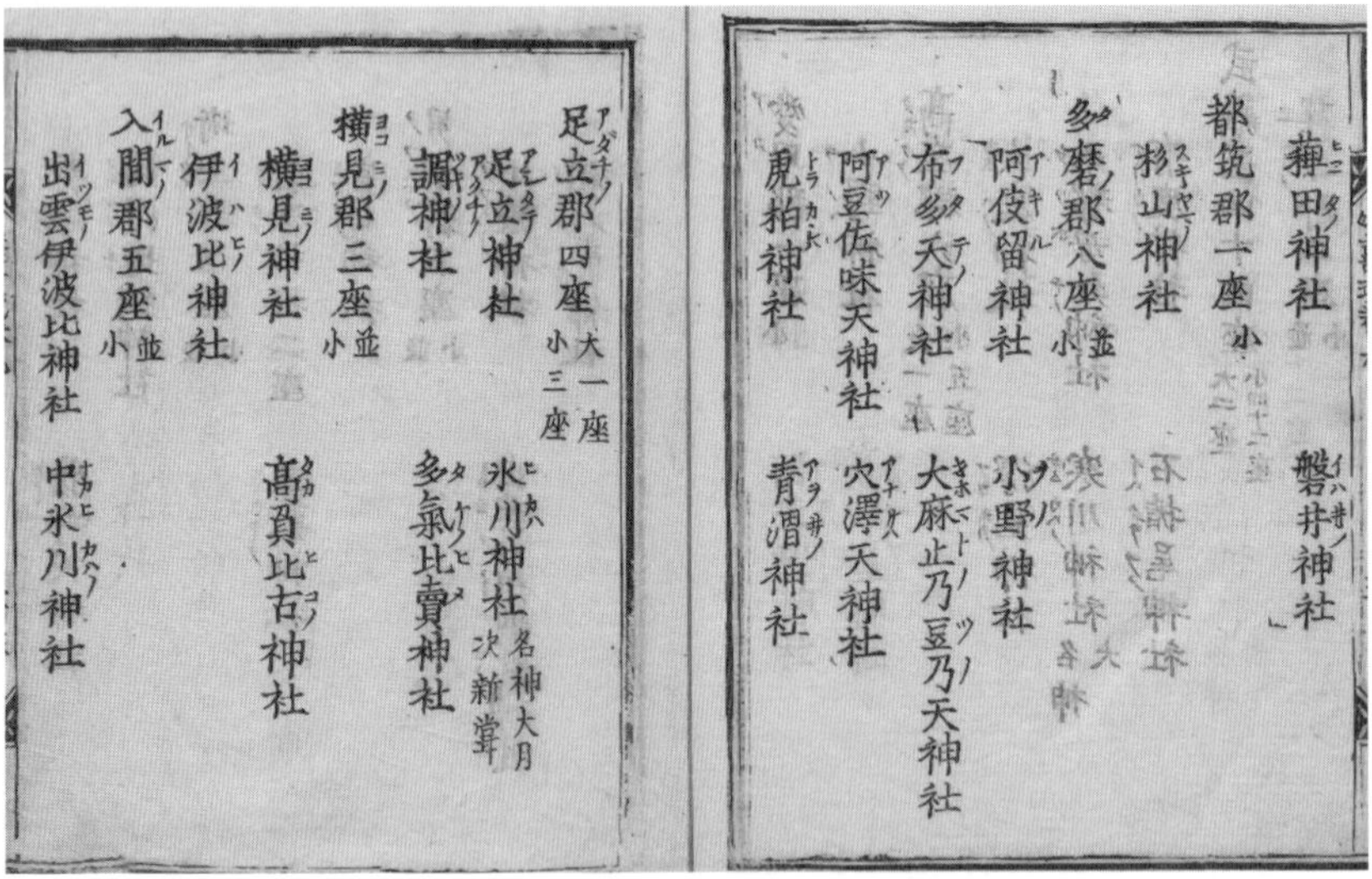
薭田神社　磐井神社
都筑郡一座小
杉山神社
多磨郡八座並小
阿伎留神社　小野神社
布多天神社　大麻止乃豆乃天神社
阿豆佐味天神社　穴澤天神社
虎柏神社　青渭神社
足立郡四座大一座小三座
足立神社　氷川神社名神大月次新嘗
調神社　多氣比賣神社
横見郡三座並小
横見神社　高負比古神社
伊波比神社
入間郡五座並小
出雲伊波比神社　中氷川神社

『延喜式』神名帳

社の祭祀に与からなくなった。それ以後、氷川神社の祭祀は武芝の娘婿である菅原《すがわら》氏に移ったと伝えられている。つまり、平安時代に氷川神社を奉祀する一族が変わったというのである。このために、氷川神社が大宮氷川神社と氷川女體神社に分立することになったという指摘もあるが、詳しいことは不明である。

●武蔵国一宮と氷川神社

近年、全国の寺社を詣で、その朱印をいただくことがブームとなっている。参詣先は、寺院であれば清水寺や浅草寺などの有名寺院であろうし、神社であれば

「武蔵国一宮」の幟

全国の「一宮《いちのみや》」など有名な神社がまずその対象となっている。

この「一宮」とは社格に準じる名誉的な称号で、地方に派遣された国司《こくし》が、任国で神社への参詣を行う優先的順序ということになる。平安時代の末頃に発生したものと考えられており、諸国に一宮が置かれていた。

さて、それでは武蔵国一宮は一体どこなのであろうか。これについては、時代によって変化したということを理解する必要がある。つまり、発生から一貫して同じ神社というわけではなく、その時の周辺を取り巻く事情や一宮とされた神社の盛衰などによって、「一宮」は変化していくのである。現在、一般的に、武蔵国一宮は大宮氷川神社とされている。しかし、氷川女體神社にも「武蔵國一宮」と大書された江戸時代の額が掲げられている。武蔵総社《むさしそうじゃ》である大國魂《おおくにたま》神社（府中市）に祀られる「六社」は、一宮が小野大明神《おのだいみょうじん》で、氷川大明神は三宮だという。「一宮」は一貫して同じ神社ではなかったのであるから、どれが正しく、どれが誤りということではない。

「一宮」は、平安時代の国司の政治執行機関である国衙《こくが》に属する官人の守護神として発生したといわれ、国衙が機能している時期にはその守護神が「一宮」と捉えられるにしても、政治制度や社会状況の変化などによって国衙の持つ重要性が薄れれば、「一宮」の位置付けも当然変化する。そんな中に、武蔵国一宮もあったと理解すべきであろう。

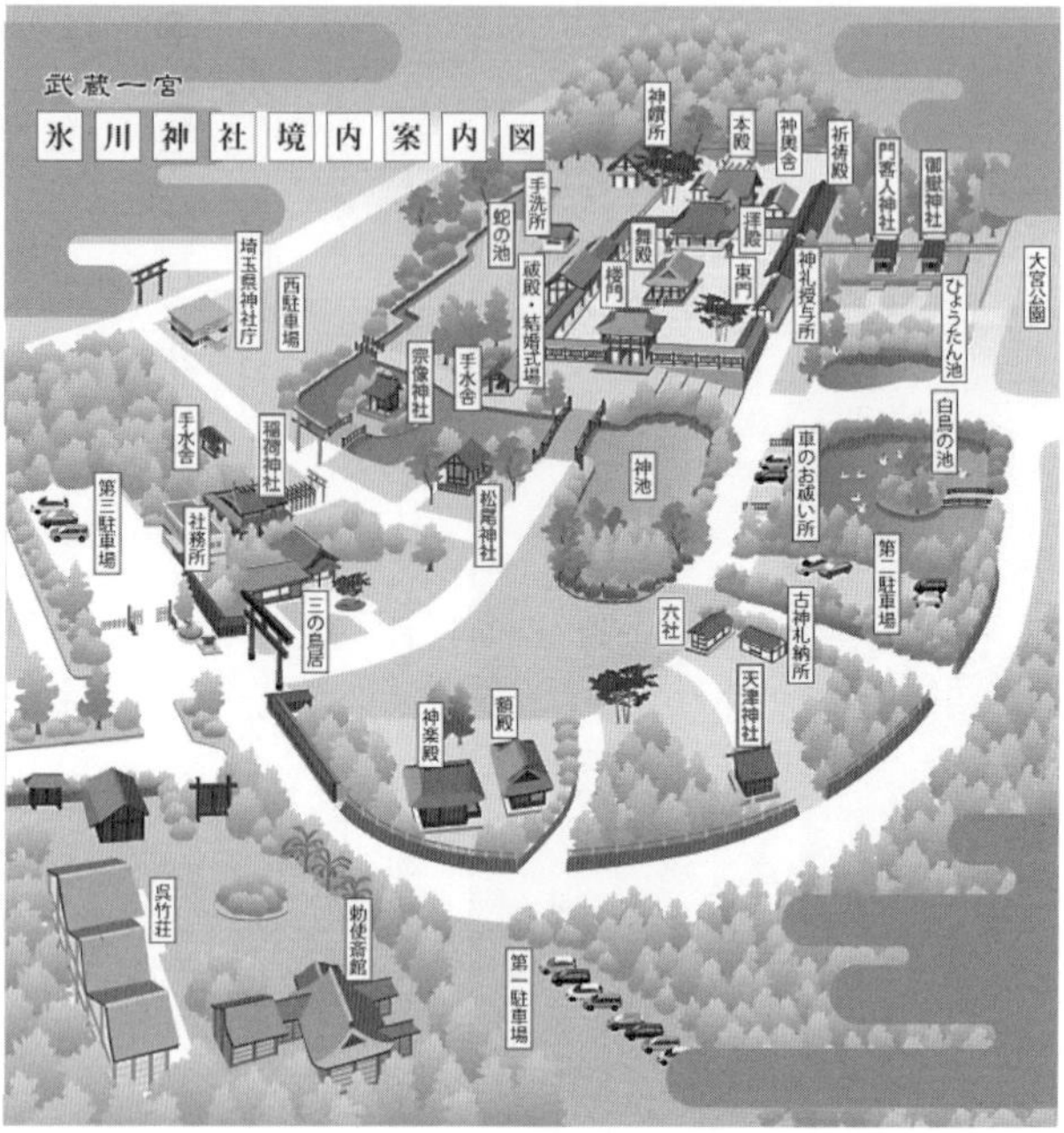

大宮氷川神社境内図

武蔵国一宮を示す記事として、鎌倉幕府の記録である『吾妻鑑《あずまかがみ》』養和《ようわ》元年（一一八一）四月二十日条に「武蔵国多西郡内吉富并一宮・蓮光寺」とある。多西郡とは多摩郡のことであるから、大宮氷川神社とは理解できない。南北朝時代に編纂されたと考えられる『神道《しんとう》集《しゅう》』（『神道大系』文学編一）という記録でも、一宮を小野大明神、二宮を小河大明神、三宮を火河大明神《ひかわだいみょうじん》と位置付けており、初期段階から氷川神社を武蔵国一宮とする史料は見つかっていない。ところが、江戸時代以降になると、大宮氷川神社を武蔵国一宮とするのが一般的になる。氷川女體神社も江戸時代以降武蔵国一宮を名乗るが、これは大宮氷川神社との関係が生じたことによる結果と考えられる。このように、何らかの理由により、時代によって一宮が変化するのは、筑前国一宮における住吉《すみよし》神社（福岡市博多区）と筥崎宮《はこざきぐう》（福岡市東区）にも例があることなのである。

二　二間社の氷川神社

市内周辺の氷川神社の本殿を見ると、建築上あまり例のない二間社《にけんしゃ》という形式が多い。このことは何を意味し、なぜそうなっているのであろうか。各地に残る氷川神社の例をもとに、なぜ氷川神社に二間社が多いのかを考えてみたい。

●市内周辺の二間社

さいたま市には大宮氷川神社を筆頭にして、多くの氷川神社が存在する。これら氷川神社の中には、当然社殿規模の大きいものと小さいものとがある。一般に寺社建築の場合、その構造を表現する方法として、神社であれば一間社や三間社、寺院建築であれば五間四《ごけんし》方《ほう》といった表現方法となる。この場合の一間や三間は柱間《はしらま》を指している。一間を約一・八メートルとするのではなく、柱と柱で構成される空間が一つであれば一間で、三つであれば三間となる。つまり、一間、三間という表現方法は長さを表しているのではなく、柱間を表しているのである。

通常、社寺建築の場合、一間や三間、五間といった奇数が一般的である。神社では一般的に見られるのが一間社や三間社であり、多いものとしては、埼玉県宮代町の五社《ごしゃ》神社（五間社）に出雲大社の東十九社《じゅうくしゃ》・西十九社（十九間社、出雲での神在祭《かみありまつり》の際に全国から集まった八百万《やおよろず》の神々の御座所《ござしょ》）、寺院では奈良薬師寺の三重塔、法隆寺の五重塔に談山神社《たんざんじんじゃ》（奈良県桜井市）の十三重塔などがあるが、いずれも奇数で構成されている。

ところが、さいたま市を中心とする埼玉県には、神社建築ではあまり例のない本殿正面の柱間を二間とする二間社が、それも氷川神社の例が非常に多くある。まず、さいたま市内の二間社の氷川神社を列記してみると、南区では内谷《うちや》氷川社（二間社の二棟並列）、桜区では上大久保氷川神社に西堀《にしぼり》氷川神社、大宮区では櫛引《くしひき》氷川神社、西区では宮前氷川神社、中央区では本町東氷川神社、見沼区では中山神社（旧本殿）が二間社である。明治時代の「大宮組合神社細詳取調帳《おおみやくみあいじんじゃさいしょうとりしらべちょう》」（西角井家文書）という記録によれば、これ以外にも上加《かみか》村《むら》氷川神社、下加村《しもかむら》氷川神社、今羽村《こんばむら》氷川社、二ツ宮村氷川神社が「両社造《りょうしゃづくり》」とされており、これらもかつては二間社だったと考えられる。市外に目を向けても、上尾市の菅谷《すがや》氷川神社や戸崎《とさき》氷川神社、伊奈町本町の氷川神社、鴻巣市糠田《ぬかた》の氷川神社や鴻巣市滝馬室《たきまむろ》の氷川神社、戸田市新曽《にいぞ》の氷川神社旧本殿といった具合である。

また、上尾市二ツ宮の氷川神社のように、かつては大宮氷川神社の男神・女神を祀っていたという伝承のある神社も存在する。実に多くの二間社の氷川神社本殿が存在する（した）ことになる。

繰り返しになるが、通常、社寺建築の場合、一間や三間といった奇数が一般的である。ところが、氷川神社に限っては二間社の例を非常に多く見出すことができる。これは特筆すべき事項であり、後述するように、古い時代の大宮氷川神社の姿は二間社ではなかったかと考えられる。

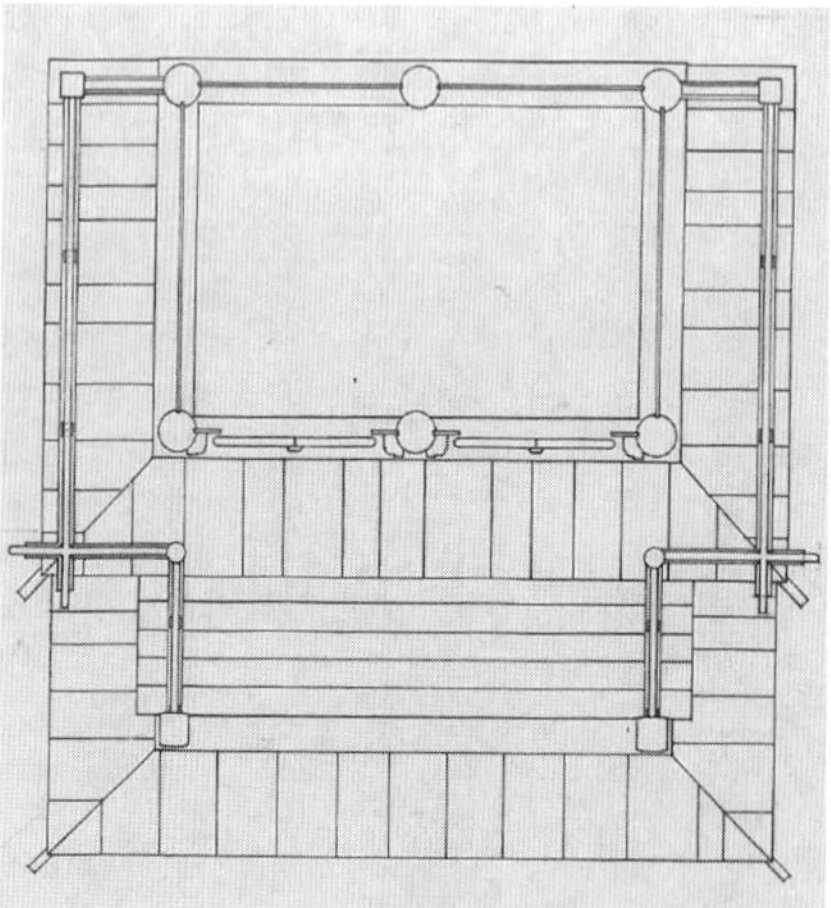
二間社の例（さいたま市桜区西堀、氷川神社）

本町東氷川神社本殿

中山神社旧本殿

●中世に成立した二間社の氷川神社

現存する上大久保氷川神社の本殿は大宮氷川神社の本殿を譲り受けたという言い伝えがあり、まさしくある時期の大宮氷川神社の本殿そのものの姿である。その時とは十六世紀の末、文禄《ぶんろく》年間（一五九二～九六）頃と考えられている。また、古くは氷川神社と称していた中山神社の旧本殿は、科学的な調査で中世末頃の建築と判明しており、中世の大宮氷川神社本殿は二間社であり、氷川神社が各地に分祀《ぶんし》される際、その時の大宮氷川神社の本殿を真似て（もしくは本殿そのものの移築によって）、二間社として今に残ったと考えられる。

それでは、江戸時代に建築された二間社の西堀氷川神社などはどのように考えたらいいのだろうか。社伝では、西堀氷川神社は室町時代の応永《おうえい》年間（一三九四～一四二八）に大宮氷川神社を分祀して成立したものと伝えている。これが史実かどうかは不明だが、一応事実とすると、現本殿建立までに三〇〇年近くの時間が経過しているわけで、当然、現在目にする本殿よりも前の本殿が存在したことは容易に想像できる。前の本殿の姿は明らかではないが、これも二間社だったと考えている。

なぜなら、神社は古くからの姿を踏襲するのが常であり、そのことは、伊勢神宮の二〇年に一回の式年遷《しきねんせん》宮《ぐう》によく表されているからである。式年遷宮は「原始的な新しさ」を後世に伝えるためであり、二〇年ごとに当初の姿を寸分違わずに復元し、継承することによって古くからの姿を次代に伝えるものなのである。それをこの西堀氷川神社の場合に当てはめれば、応永年間に大宮氷川神社から分祀された時に造られた最初の本殿が、大宮氷川神社を真似て二間社としたために、その後造られた社殿も二間社の姿を踏襲していると考えることができる。

●佐々目郷での農民闘争

ところで、中世に成立したと伝える氷川神社の中には、応永《おうえい》年間の成立というものが相当数ある。川口市木曽呂《きぞろ》の朝日神社（もとは氷川社）が応永二年

（一三九五）、櫛引氷川神社は応永五年、そして、西堀氷川神社や川口市青木の氷川神社、川口市鳩ケ谷本町の氷川神社はいずれも応永年間と伝えている。勿論、縁起や伝承によるものであり、それをすぐ史実と捉えることはできない。しかし、応永年間に多いことは事実である。氷川神社にとって、応永年間は何か意味を持っているのではないだろうか。

　そこで参考となるのが、中世を通じて鎌倉鶴岡八幡宮の最大の経済的基盤であった佐々目郷《ささめごう》（現在のさいたま市南区から戸田市にかけての地域）での、領主鶴岡八幡宮に対しての年貢減免を求める農民闘争事件に際して、「氷河宮」（さいたま市南区内谷の氷川社に比定される）が農民結束の中心的役割を演じ、それが応永年間であったということである。詳細は省略するが、『鶴岡事書日記《つるがおかことがきにっき》』（『新編埼玉県史』資料編八）という記録に領主鶴岡八幡宮に対する在地農民の抗争が描かれ、そこに氷河宮が参画していることが知られる。むしろある意味、氷河宮が農民結束の中心的役割を演じて、領主鶴岡八幡宮に抵抗していたのである。この応

内谷氷川社境内

永年間の、鶴岡八幡宮に対する農民の闘争事件に内谷の「氷河宮」が中心的役割を演じたことが、この時期各地に氷川神社が分祀されるきっかけとなり、本殿形式もその時の氷川神社と同じ二間社としているのではないだろうか。逆に言えば、応永年間に創立されたと伝える川口市青木の氷川神社や川口市木曽呂の朝日神社、川口市鳩ヶ谷本町氷川神社などは現在の本殿形式は二間社ではなくても、かつて二間社の時代があった可能性があるのではないだろうか。

●氷川神社の祭祀圏

大宮氷川神社の社家出身で国文学者の西角井正慶氏は、関東地方での氷川神社、久伊豆《ひさいず》神社、香取《かとり》神社の分布状況から、氷川神社の祭祀圏を東は元荒川《もとあらかわ》まで、西は多摩川流域までと考察されている。これは江戸時代以降の神社分布について考察したもので、それ以前の大宮氷川神社の祭祀圏はどこまで広がっていたのであろうか。それは、先の二間社の分布、つまり中世大宮氷川神社の本殿形式を踏襲している氷川神社の分布が物語っているのではないかと考えられる。

判明している二間社の氷川神社は、北から鴻巣市(糠田、滝馬室)、上尾市(堤崎、戸崎、二ツ宮)、伊奈町(本町)、さいたま市(上加村、下加村、今羽村、二ツ宮村、宮前、櫛引、本町東、西堀、上大久保、内谷、中川)、戸田市(新曽)となる。大宮氷川神社のお膝元であるさいたま市に非常に多いのは当然として、北は鴻巣市、南は戸田市にわたり、南北では非常に距離の長い分布を示しているが、東西の広がりは非常に狭いことが分かる。残された少しの数で全体を見ることはできないが、中世の大宮氷川神社の祭祀圏がこれらの地域に限定されていたことを示しているのではないだろうか。

●祭神は一神から四神に

平安時代、中央政府に認められていた二八六一の神社を記録した『延喜式《えんぎしき》』神名帳《じんみょうちょう》では、「氷川神社」の祭神は一神であったことが判明する。実際に、氷川神社を一神と記しているわけではないが、二神、三神の場合は「二座」「三座」などと記されているため、な

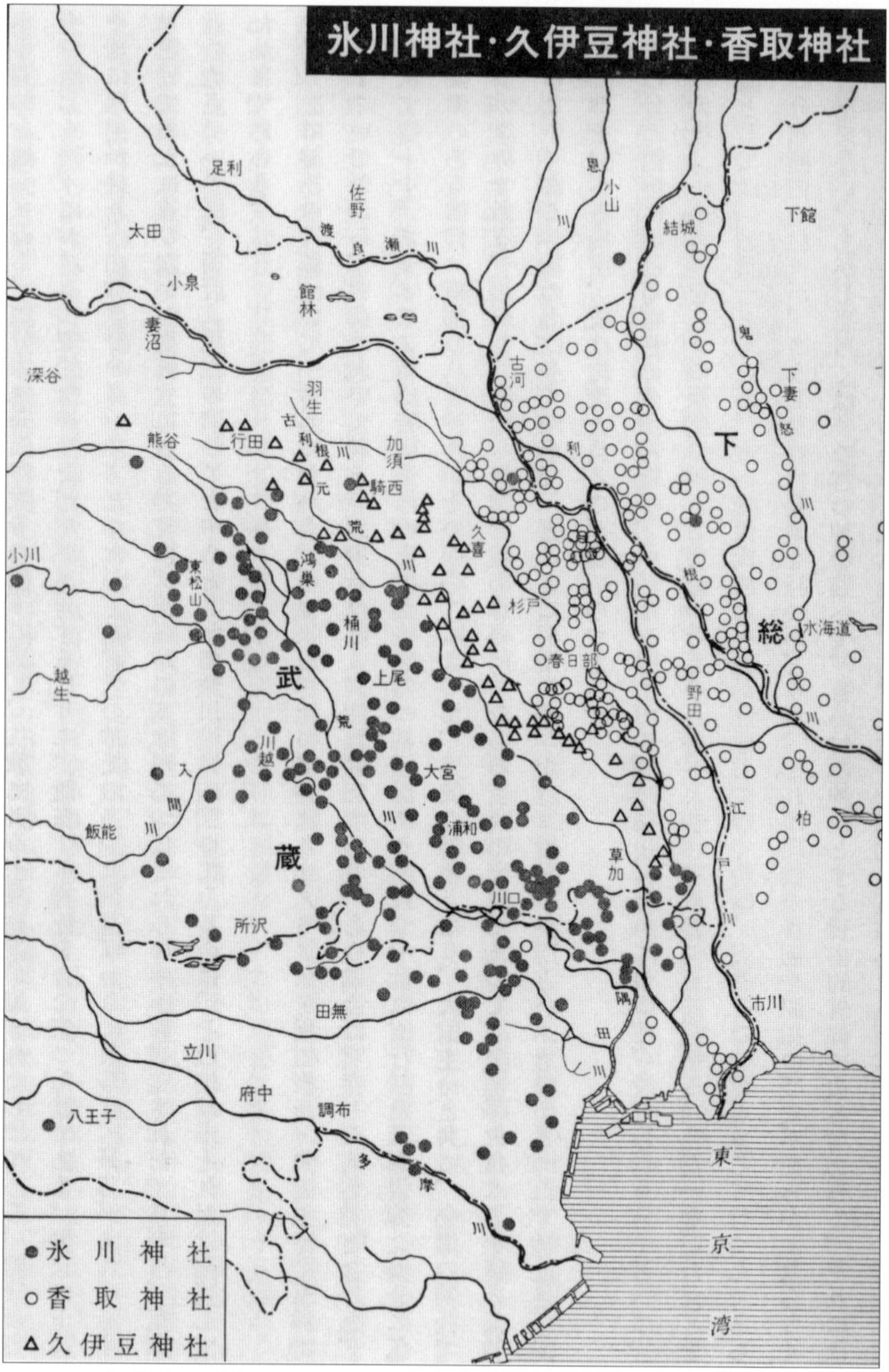

「氷川神社・久伊豆神社・香取神社分布図」（西角井正慶『古代祭祀と文学』）

にも記されていない場合は一神となる。したがって、平安時代、「氷川神社」の祭神数は一神であったといえる。

ところが、先に見たように、中世の氷川神社の本殿は二間社となり、祭神は二神と考えられる。一間に複数の神を合祀することはあっても、二間に一神を祀るということは通常考えられない。二軒長屋には普通、二世帯が入居しているのと同様である。一間にそれぞれ一神を祀っていたと考えるのが一般的であるから、二間社の社殿には二神がいたことになるはずである。

江戸時代になると、正保《しょうほう》二年（一六四五）の境内絵図に見えるように、氷川神社には「本社」「稲田」「火のおうし」（簸王子社《ひおうじしゃ》）「門きゃく人」（門客人社《もんきゃくじんしゃ》＝荒《あら》脛巾社《はばきしゃ》）「あづま」「むなかた」といった神を祀る多くの社殿があったことが分かる。それでも、「あづま」「むなかた」といった社殿は末社的存在であるし、江戸時

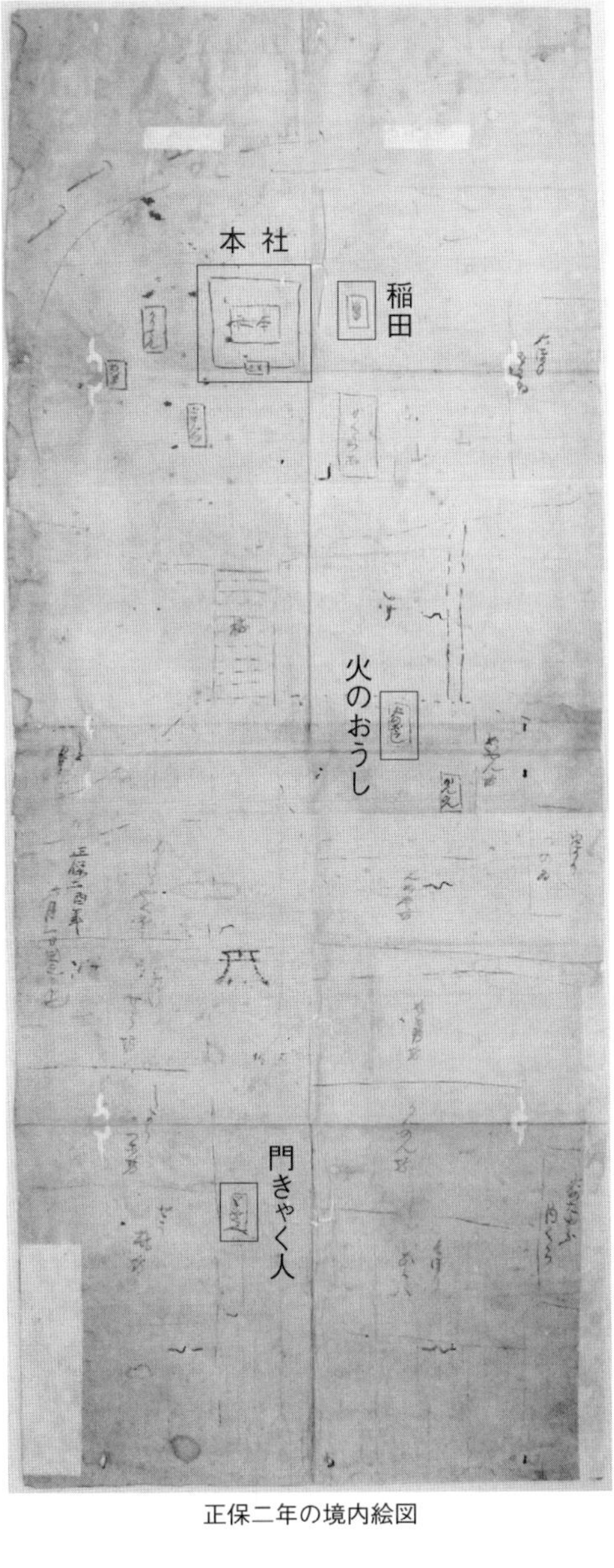

正保二年の境内絵図

代初期までの中心的な社殿は池の奥にある「本社」「稲田」の二つであったはずである。そして、池の手前に簸王子社が所在していたという立地からしても、いつの時代かは不明なものの、後から加わったであろう簸王子社を合わせて三社（三神）として構成され、後に神主氷川内記《ひかわないき》という人物の出現で荒脛巾社が神社内で台頭することとなり、一時期荒脛巾を含めた四神を主祭神として祀っていたことになる。つまり、氷川神社の祭神は、一から二へ、そして三から四へと変化していったと考えることができるのである。

三　徳川家康から与えられた三〇〇石の社領

江戸時代、徳川氏は大宮氷川神社に対して、三〇〇石という社領を与えている。それ以前の歴代の権力者は氷川神社にどう接したのか、また徳川氏から与えられた土地はどこにあって、どうなっていったのかについて見ていきたい。

●歴代権力者との関係

「氷川神」は、奈良時代の天平神護《てんぴょうじんご》二年（七六六）に封戸《ふこ》三戸が朝廷から与えられたとする記載がある（『新抄格勅符抄《しんしょうきゃくちょくふしょう》』）。封戸三戸とは、簡単にいえば三戸の家から得られる租税を徴取する権利である。その当時伊勢神宮には一一三〇戸が与えられており、それと比較すれば極めて少ない。しかし、武蔵国で封戸が与えられているのは「氷川神」のみである。当時の関東は中央政府から遠く離れた地であり、一地方豪族が祀る遠方の地の氷川神社に三戸の封戸が与えられていることからは、中央政府による氷川神社の扱いの高さが知られる。その理由としては、当時氷川神社を奉祀していた丈部《はせつかべ》氏の中央政府での活躍に負うところが大きいのであろう。三戸の封戸とは国家から支給される維持費的なもので、これ以外にも神領の存在が想像され、桜区神田《じんで》などという地名はその名残を示すものかもしれない。

その後、治承《じしょう》四年（一一八〇）には源頼朝が鎌倉時代の有力武将である土肥実平《どいさねひら》に命じ、社殿を再建して社領三〇〇〇貫を寄進、南北朝時代の建武《けんむ》年間（一三三四〜三六）には足利尊氏が大調郷《おおつきごう》（現在の場所は不明。調《つき》神社周辺や埼玉県南部地域などが考えられている）を、応永二十年（一四一三）には、室町幕府四代将軍足利義持《しょうぐんあしかがよしもち》が島根村（さいたま市西区）の六段をそれぞれ寄進したと伝えるが、詳細については分からない。

●徳川家康三〇〇石の社領を寄進

天正《てんしょう》十九年（一五九一）、前年に関東一帯を領国とした徳川家康は多くの寺社に領地を寄進することで、有力な寺社に対する保護と支配を開始する。この時、大宮氷川神社には「足立郡大宮之内」に一〇〇石が寄進された。一〇〇石という社領は、県内では鷲宮《わしのみや》神社（久喜市）の四〇〇石に次ぐものとなる。一〇〇石の社領はすべて高鼻《たかはな》村（さいたま市大宮区）の中にあり、神社経営に必要なものを除いて、四神主に各八石、社《しゃ》僧《そう》に全体で三二石が分配された。慶長《けいちょう》九年（一六〇四）になって、徳川家康はそれまでの一〇〇石に加えて、

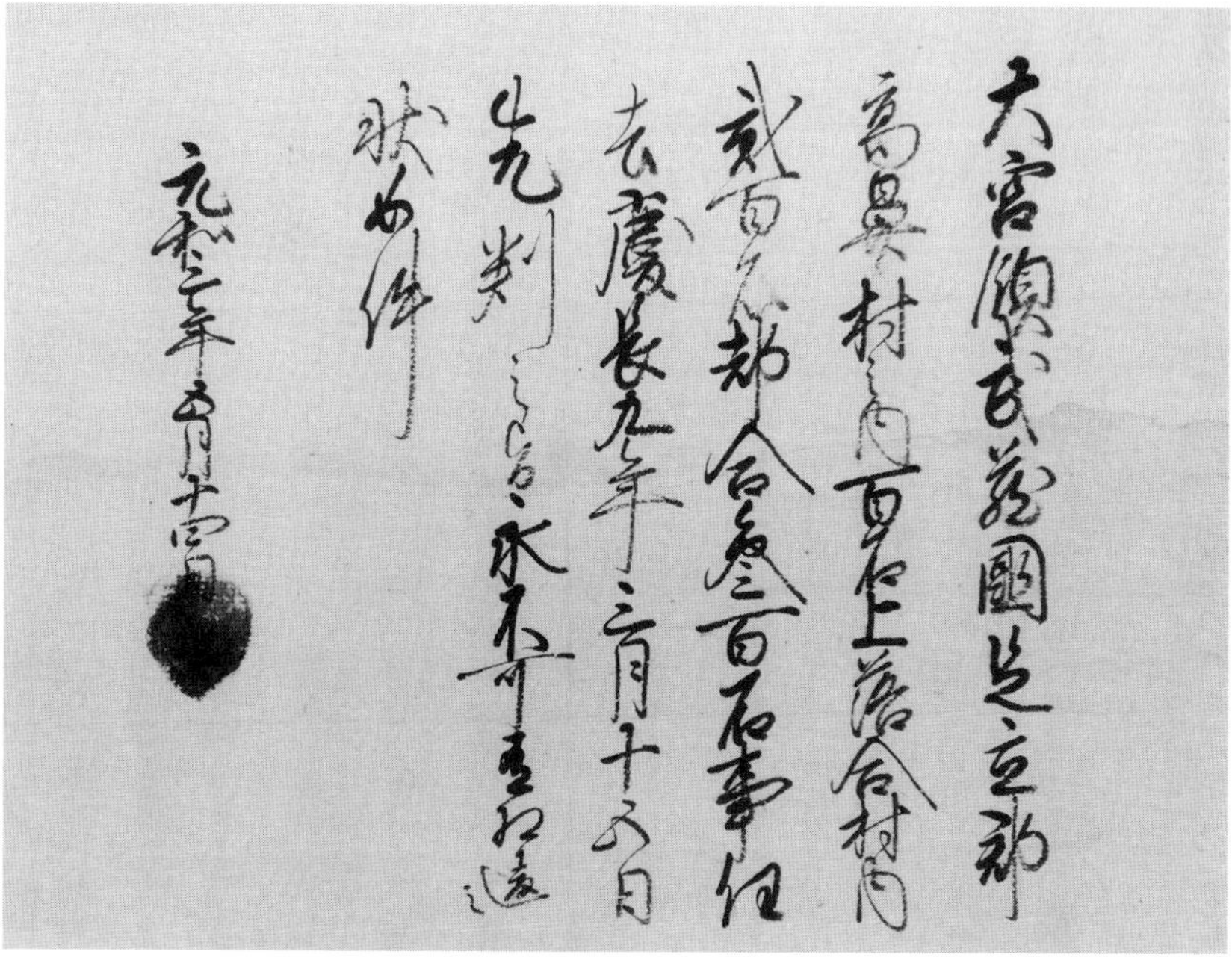

徳川秀忠社領寄進状（元和三年）

上落合村《かみおちあい》（さいたま市中央区）内で二〇〇石の寄進をしているが、この時、二〇〇石のうちの一〇〇石は神社の修理料とし、残り一〇〇石が社家や社僧等に配分されることになった。

この時点で、大宮氷川神社は高鼻村と上落合村に社領を有していることになるが、その後、見沼の溜井《ためい》や新田の造成によって土地が被害を受け、その代替地が与えられることになり、社領の所在地が変化することになった。まず、寛永《かんえい》六年（一六二九）の見沼溜井造成により高鼻村の一部が水没したため、代替地を新開《しびらき》村（さいたま市桜区）で四五石余り、四谷《よつや》村（さいたま市南区）で一石余り、大宮村（さいたま市大宮区）で四石余り与えられている。ところが、享保《きょうほう》年間（一七一六〜三六）の高沼新田《こうぬましんでん》造成のため、今度は上落合村と新開村の社領が影響を受け、両村の代替地として、小村田《こむらた》村で二一石余りが与えられることになった。

明治四年、これらの土地は新政府に召し上げられて官有地となるが、その時の社領は上落合村一九二石余り、高鼻村五一石余り、新開村三三石余り、小村田村二一石余り、四谷村一石余りで合計二九九石九斗余りだった。当初与えられた高鼻村での社領は半減し、後から与えられた上落合村の社領はあまり減少しなかったことが分かる。

なお、神社維持のために最も高額となる社殿の修理料や仏堂の灯明料のほぼ全部を上落合村が負担していることから、氷川神社の経済的基盤を担っていたのは、主に上落合村だったといえる。

四　境内整備の変遷

江戸時代以降、大宮氷川神社境内ではどこにどのような社殿があり、歴史の流れの中でどのような整備をして今の姿になっていったのか。四代将軍徳川家綱《いえつな》による造営から明治・大正・昭和の造営までを追っていきたい。

●徳川家綱による社殿造営

大國魂神社（府中市）

古い時代の社殿造営については、兵火や火災によって記録が失われて不明だというが、治承《じしょう》四年（一一八〇）には源頼朝が幕府の有力武将土肥実平《どいさねひら》に命じて社殿を造営、文禄《ぶんろく》五年（一五九六）にも徳川家康が関東郡代である伊奈忠次《いなただつぐ》を奉行として造営したと伝えている。

確実なものとしては、江戸時代に入って、徳川家綱が社殿の造営を命じている。江戸幕府の正史である『徳川実紀《とくがわじっき》』は、寛文《かんぶん》六年（一六六六）六月十七日条に「武州一宮（氷川明神）は阿部豊後守忠秋《あべぶんごのかみただあき》、同州六所社は久世《くぜ》大和守広之《やまとのかみひろゆき》、伊豆、箱根両所権現は稲葉《いなば》美濃守正《みののかみまさ》則《のり》奉りて修理すべき旨仰出され、一宮女躰修理料金三百両はその神主にさずけらる」とあって、徳川家綱は、行田の忍《おし》藩主阿部豊後守忠秋に大宮氷川神社社殿の修理を命じていることが分かる。大宮氷川神社の他には、氷川女體神社、大國魂神社（府中市）、伊豆山神社、箱根神社であり、奉行した三人の人物はいずれも老中を経験した幕政を中心で担う人物であった。

この寛文年間（一六六一〜七三）の社殿造営によっ

て、男体社《なんたいしゃ》、女体社《にょたいしゃ》、簸王子社《ひおうじしゃ》、荒脛巾社《あらはばきしゃ》の四棟からなる大宮氷川神社の社殿数と配置がほぼ決まり、明治維新後に大きく変化するまで続いていくこととなる。

江戸時代を通じての社殿配置は、神池の前に簸王子社、神池の後方左側に男体社、右側に女体社があり、境内東脇に荒脛巾社が位置しており、それに神仏習合《しんぶつしゅうごう》による寺院や小社などが配置されていた。このうち、男体社を奉祀するのが岩井家《いわいけ》、女体社を奉祀するのが角井家《つのいけ》、簸王子社を奉祀するのが内倉家《うちくらけ》で、荒脛巾社は金杉家《かなすぎけ》（後に小室、出水、氷川と改名）が仕えていたが、氷川内記《ひかわないき》という人物の失脚後には荒脛巾社は一社と認められなくなり、氷川家は廃止された。後に三家の社家同士で争論や対立が発生するが、男体社を第一としながらも、女体社・簸王子社との「三社は同格」という大方針が定められた。それでも内倉家では江戸時代を通じて自分の奉祀する簸王子社を第一とする主張を行っており、簸王子社のみを「本社」と注記する境内絵図も多く存在している。

なお、宝永《ほうえい》四年（一七〇七）になって内倉修理《うちくらしゅり》という人物が病死し相続人がいなかったため、角井五兵衛が内倉家を相続して簸王子社を奉祀することとなり、明治時代以降、元の角井家を東角井家《ひがしつのいけ》と称し（女体社を奉斎）、内倉家を相続した角井家を西角井家《にしつのいけ》と称するようになった。

●神主氷川内記の登場

江戸時代前期、荒脛巾社を奉祀していたのが金杉家である。戦国時代の寿能《じゅのう》城主潮田《うしおだ》出羽守の家来である金杉氏は、天正十八年（一五九〇）に豊臣秀吉によって潮田氏が滅ぼされた後、当時神主のいなかった荒脛巾社の祭祀に関わることを望んだ。荒脛巾社の神主になった後は次第に力を誇示し、姓を金杉から小室、出水、ついには社名と同じ氷川と改めて、他の三社の神主と同格のように振る舞うようになる。

氷川内記とはこの金杉（氷川）氏の後裔であり、京都吉田家に接近することによって、氷川神社の中で力を持つようになっていった。吉田家とは朝廷の祭祀を司り、全国の神社を統括していた神祇官《じんぎかん》という官庁の

吉田山斎場所（『都名所図会』）

高官で、室町時代以降の神道界に君臨した一族である。京都吉田山に、全国の神を集めた「吉田山斎場所《さいじょうしょ》」を設け、そこを神道の根源の地とした。全国の神職に対して装束の免許や祭祀方法を伝授することでその権威を保っており、国内の多くの神職も吉田家の「お墨付き」を求めて上京している。

　寛文二年に氷川内記も上京し、吉田家から装束の免許を得ることに成功した。その免許状には「氷川内記盛清」とあることから、すでに「氷川」という姓に変えていたと見られる。延宝《えんぽう》四年（一六七六）にも再度上京し、正六位下の位階などを得ている。この頃には氷川神社内での地位は確立していたらしく、大宮氷川神社を訪れた神道家 橘三喜《たちばなみつよし》は、その著書『一宮巡《いちのみやじゅん》詣記《けいき》』の中で「神主（は）氷川内記盛清」と記しており、当時四名いた神主の中で、氷川内記のみを神主として扱っているほどであった。

　このような中央の権力を後ろ楯として、氷川内記は氷川神社内部の在り方を大きく変えていくこととなる。氷川内記のこのような行動は、一見、権力を持った者の個人的な勝手な振る舞いと見られがちではあるが、実は、神社の在り方を変えようとするこの時代の神社界の大きな潮流に沿ったものだといわれている。

氷川内記による氷川神社改革として、本社の変更、仏教寺院の排除、祭祀方法の変更が挙げられるが、本社の変更と仏教寺院の排除の二点について簡単に見ていくこととしよう。

●氷川内記による本社の変更

まず、それまでの男体社を第一とする考え方を改め、

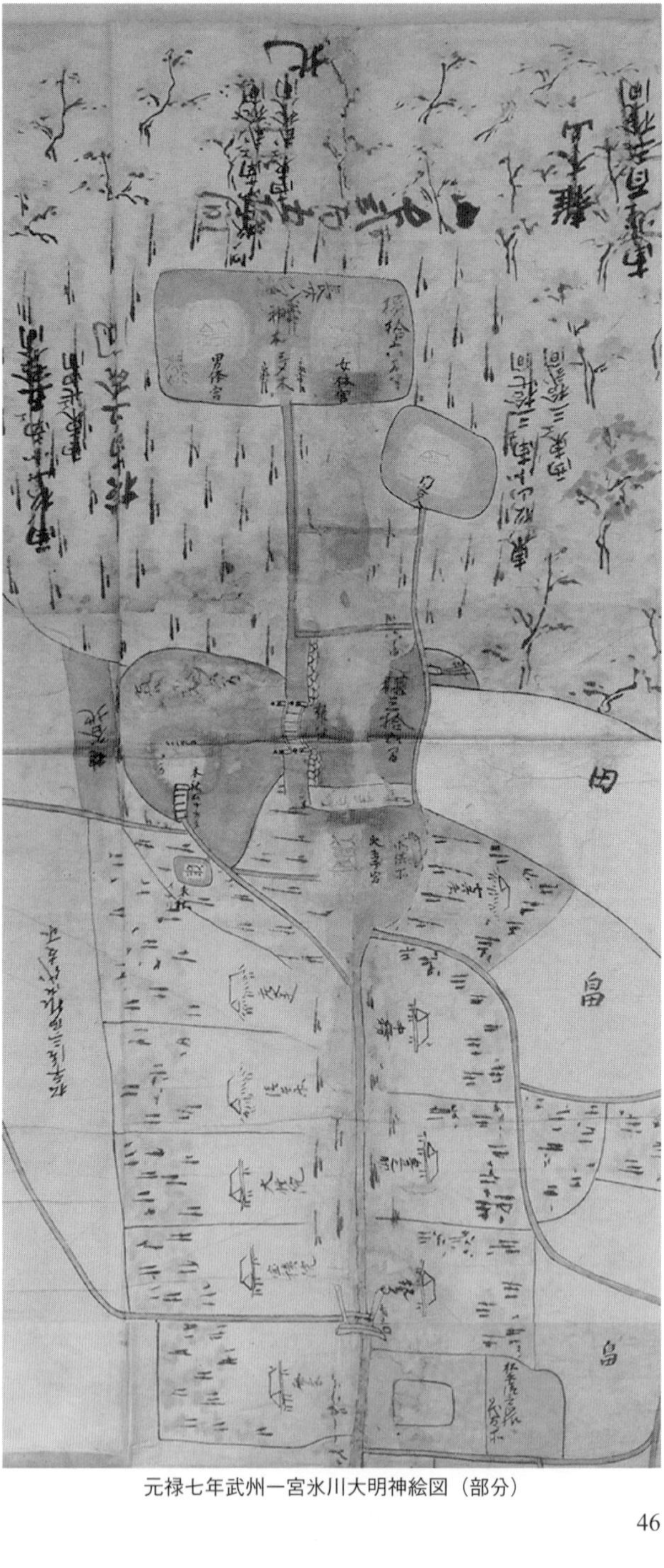

元禄七年武州一宮氷川大明神絵図（部分）

簸王子社を本社として扱った。氷川内記登場以前に描かれた正保《しょうほう》二年（一六四五）の境内絵図によれば、当時神池の奥に社殿が二つ並列で並んでいて、左側の男体社と思われる社殿は「本社」と表記され、右側は「本社」に比べて小振りの「稲田」と表記されている。つまり、この時は、男体社が氷川神社を代表する社殿に位置付けられていた。ところが、氷川内記の氷川神社改革以後に描かれた絵図では、簸王子社前のみに拝殿が描かれており、簸王子社を本社と考えていた氷川内記の影響によって、本社とされる社殿が男体社から簸王子社に変更されたようである。徳川家綱の命による社殿造営の際の棟札《むなふだ》も、あたかも氷川神社を代表するかのように、簸王子社に掲げられていたと伝えられている。

●氷川内記による寺院の排除

次に、氷川内記は神社内にあった寺院の排除も行っている。かつては、社僧《しゃそう》という神前に奉祀する僧坊が参道に計八坊並んでいたが、氷川内記の氷川神社改革後の絵図では三ケ所しか見えず、氷川内記は五つの仏教寺院を排除したことになる。また、以前から大破していた、氷川神社内の仏教寺院の中核である観音堂すら修理をしなかったと伝えられている。いずれも、氷川神社から仏教の影響を削減する意図があったようである。

このように、それまでの有り様を一変させた氷川内記ではあったが、延宝七年に紀州藩の鷹場《たかば》で鳥を捕獲した罪で追放となり、足立郡上青木村（川口市上青木）

氷川内記墓石（川口市宗信寺）

に退いてそこで没している。同所宗信寺《そうしんじ》に氷川内記の墓石が残り、「盛清霊神　正六位下□□（出水カ）内記橘姓　元禄十丁丑《ひのとうし》年（一六九七）八月廿五日行齢七十五歳」と彫られている。

●明治の境内整備

四代徳川将軍による社殿造営で江戸時代の社殿配置はほぼ決まり、江戸時代を通じて基本的にはその姿で約二〇〇年経過する。ところが、明治維新による神仏分離や大宮氷川神社が官幣大社《かんぺいたいしゃ》になったことを契機として、境内の社殿配置はそれまでとは大きく変わることとなった。明治時代初期の境内絵図によれば、かつての男体社が唯一の「御本社」とされ、「御本社」にのみ拝殿や玉垣《たまがき》が設置されていて、他の社殿との差別化が図られている。女体社、簸王子社、荒脛巾社（門客人社）の場所は変わらないものの、格下の摂社《せっしゃ》に位置付けられた。加えて正観音菩薩像《しょうかんのんぼさつぞう》を祀っていた観音堂や不動堂などの仏堂は取り払われたために記載がなくなっている。

そして、明治十三年から十五年にかけて、官幣大社相応の規模や配置を持った境内へと大きく改造されることとなる。具体的には、それまでの「御本社」である男体社は取り壊されて新たに本殿が建築され、ここに寛文七年徳川家綱の命によって建築された「御本社」男体社は消滅する。さらに本殿前に中門、さらにその前に拝殿が造営され、参道側から見ると、神橋、鳥居、拝殿、中門、一つの本殿という配置構成になる。境内の改造に際しては、新本社は男体社（旧本社）と女体社の間、それも女体社寄りに位置させるとともに、社殿の南北方向軸を若干反時計回り方向へ傾斜させる計画があったようであるが、実現はしなかった。

これによって、かつて男体社と女体社が神橋の奥に左右に並存していた時代は幕を閉じ、中心的な一つの社殿を本殿とする現在に近い社殿配置の骨格が出来上がった。当初、明治政府は、官費による建築費を抑制するために、社殿配置を全国で画一的なものにしようとした。ところがそれでは、気候風土やそれまでの歴史を否定することとなったため、氷川神社を始めとす

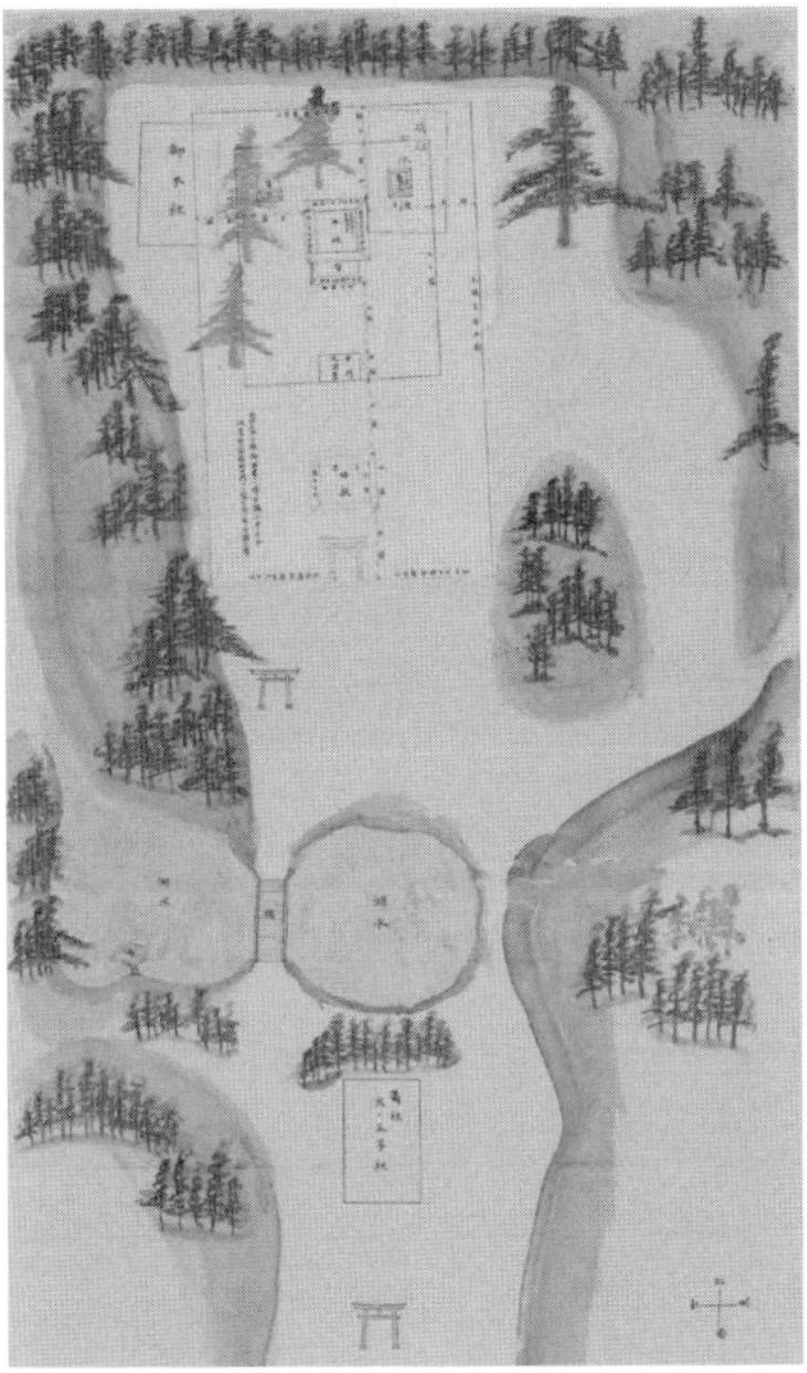

「官幣大社氷川神社再建ノ件」

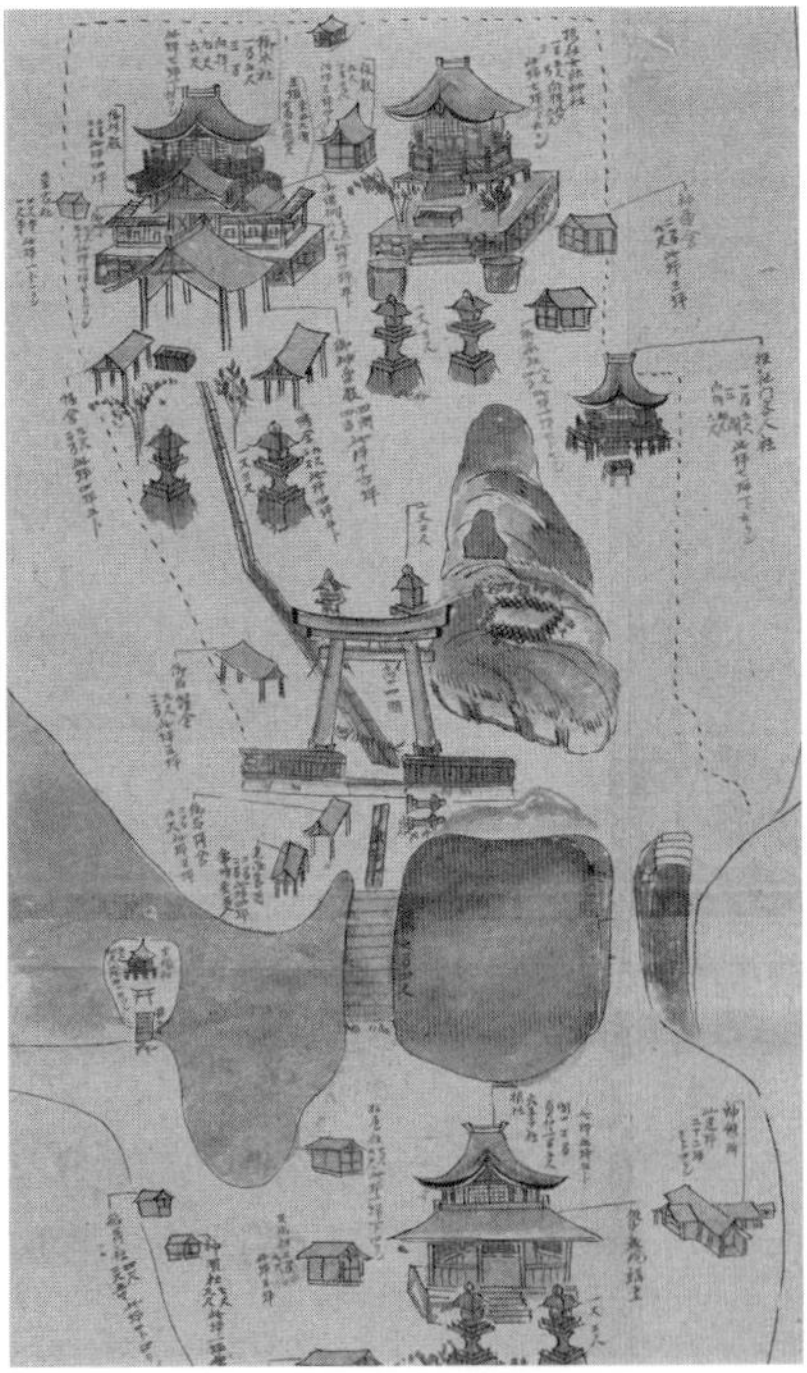

「公文附属の図」（部分）（明治時代初期）

『日本の名勝』「氷川神社」（明治 33 年）

る全国の有力な神社一三社については、古制を残したままとすることが決められた。本来であれば、氷川神社はこれによって、明治維新以前の姿で改修されるはずであったが、実際には境内を大きく改変していることになる。

●大正の境内整備

大正七年には、明治天皇の氷川神社行幸五十周年を記念して、神門が新たに神橋と拝殿の中間に造営されている。大鳥居（明治四十四年落成）、石鳥居（大正元年落成）、敷石も敷設され、その記念碑も建てられた。大鳥居は拝殿前にあり、笠木《かさぎ》の長さが三丈六尺（約一一メートル）というものであった。また、石鳥居は昭和五十一年に現在の木造鳥居に替わるまで、現在の二の鳥居の場所に建てられていた。これより以前、大正六年には「官幣大社　氷川神社」の標柱が石井直三郎夫妻によって二基奉納され、一基は参道の旧二の鳥居の脇に、もう一基も裏参道（公園道路）入口の旧中山道に建てられた。

竣工間もない頃の石鳥居

なお、現在この「官幣大社　氷川神社」の標柱が建てられている裏参道（公園道路）入口の場所には、もともと享保《きょうほう》七年（一七二二）建立の「武蔵國一宮」標柱と明治三十年再建の鳥居があったが、昭和五年の裏参道（公園道路）改修・拡幅工事のため移築され、三〇〇メートルほど東寄りに現存しているのがそれだといわれている。

裏参道入口の石造標柱

●昭和の境内整備

明治の大改造から約六〇年後、昭和十五年の皇紀二六〇〇年に際して、大宮氷川神社は再び大改造される。それまでの本殿・拝殿は壊されて新しく建てられ、新たに現在見ることのできる本殿・拝殿と繋がる幣殿《へいでん》や舞殿《ぶでん》・楼門《ろうもん》が造られ、楼門に接続する回廊も付けら

東門として活用されているかつての「神門」

現在の拝殿と本殿

れた。この時の設計者は不明ではあるが、このような構成要素などから考えると、当時内務省で神社デザインの責任者だった角南隆《すなみたかし》という人物の関与が指摘されている。また、大正時代に造られた神門は東側の回廊に移転され、東門として再出発をする。これに先立ち、三の鳥居が昭和九年に片倉製糸によって奉納され、昭和十八年には川口市の永瀬氏によって神橋が改造されるなど、昭和十五年前後に大きな整備がなされ、これが基本的に現在見られる姿である。

なお、本殿や拝殿、舞殿等は当初はすべて檜皮葺《ひわだぶ》きであったが、本殿・拝殿・幣殿・舞殿・楼門は昭和四十年前後にそれぞれ銅板屋根に葺き替えられている。

五　社殿の修復とリサイクル

四代将軍徳川家綱《いえつな》によって建てられた社殿を、大宮氷川神社はどのように維持し、そのために何をしているのかを見ていく。あわせて、徳川家綱によって建てられた社殿は今どこでどうなっているのか、社殿のリサイクルについても明らかにしていきたい。

●社殿修復と富興行

大宮氷川神社は、徳川家綱が造営した社殿を維持するために、その修復費用を江戸での富興行《とみこうぎょう》で捻出しようとしている。富興行とは現在の宝くじに相当する。富興行に関する史料は比較的多く残っており、主に「西角井家文書」（埼玉県立文書館所蔵）などを使って概略を記してみる。

すでに明和《めいわ》元年（一七六四）十一月には、富興行の計画をしている。徳川家綱によって社殿が建てられてからおよそ一〇〇年後のことになる。「奉納金を以って毎年修復仕る」（「富突興行願書」西角井家文書）とあることから、当り籤《くじ》にかけられる一割の「奉納金」によって修繕費用を捻出しようとしていることが分かる。この計画が実行されたかどうかは不明なものの、天明《てんめい》四年（一七八四）には、三年間、江戸愛宕《あたご》の金剛院での興行が許可された。しかし、早くも翌年には浅草御蔵前の大円寺境内へ場所替えをしている。「勝手宜しからず候に付」（「富興行場所取替願」西角井家文書）とあって、愛宕での興行成績が不良だったことが判明する。ただし、浅草御蔵前に移転しても興行成績はあがらなかったようで、再度、八丁堀稲荷（鉄砲洲稲荷、中央区湊《みなと》）や新材木町の杉森稲荷（中央区日本橋堀留町）、浅草寺日音院境内に場所替えして興行をした。このように、興行場所を転々と替えているが、その最大の理由は、札が売れ残ることを嫌い、多くの収益の見込める場所を探し求めたためであろう。

その後は一旦、富興行の記事は途切れるが、江戸時代も末に近い文政《ぶんせい》年間（一八一八〜三〇）以降再び多くの記事が見られるようになる。文政八年の富興行では、具体的な宝金（賞金）が知られる。富札を八〇〇〇枚売り出すことによって一〇〇〇両を集め、配当は一等が一五〇両（一本）、二等が一〇〇両（二本）、三等が五〇両（三本）などと計画された。この当たり籤には両袖金《りょうそできん》という一番違いの札への配当があり、一等の場合はそれぞれ七両とされたので、連番で購入し

本所一ツ目弁天（江島杉山神社）

ていれば一等の宝金一五〇両に加えて両袖金一四両を手にすることができる計算になる（ただし、実際は奉納金として一割が引かれる）。前後賞付きという、現在でも見られる姿である。収入が一〇〇〇両、支出が六九〇両余りの宝金と諸費用八五両で、残金が二八六両余りと目論み、一年に四回の興行を行い、三年で三四三八両が手元に残るという計算をしている。計算通り一〇〇〇枚売り尽くせれば、それだけの収入は確保できたのかもしれないが、この時もそう簡単にはいかなかったようで、売れ行きの悪さを理由に、本所一ツ目弁天（江島杉山神社、墨田区千歳）への場所替えを申請している。しかし、一ツ目弁天でも札の売れ行きが思うように進まず、一旦休会という結果になった。

当たり番号の決定には富札《とみふだ》を錐で突くが、その際には神前に舞台が設置され、集まった庶民が見やすいように舞台先端に富箱が置かれ、神主や御検使、関係者が富箱を取り囲むように配置されていた。江戸の代表的な富興行所であった谷中感応寺《やなかかんのうじ》（台東区谷中）での興行の様子を描いた『東都歳時記《とうとさいじき》』の「谷中天王寺富

「谷中天王寺富の図」（東都歳時記）

の図」と同様の様子だったことが分かる。

●今に残る徳川家綱造立の社殿

寛文《かんぶん》七年（一六六七）の徳川家綱の社殿造営では、新たに男体社、女体社、簸王子社《ひおうじしゃ》、荒脛巾社《あらはばきしゃ》の四棟の社殿が建てられたと考えられる。そして、男体社は明治十五年の境内大改造で姿を消すこととなった。それでは、残りの三棟は現在どうなっているのであろうか。

結論からいえば、女体社の社殿は現在の御嶽神社《みたけじんじゃ》本殿となり、荒脛巾社の社殿は門客人神社《もんきゃくじんじんじゃ》本殿として、回廊外東側に現在も二棟並存して残されており、かつて神池の前にあった簸王子社社殿は神池手前東側に天《あま》津神社《つじんじゃ》本殿として祀られている。それぞれの建築意匠からしても、残されている社殿は寛文年間（一六六一〜七三）の建築と考えられることから、徳川家綱造立の四社殿のうち、三棟は現存していることになる。それぞれの社殿が現在地に移築された時期は明らかではないものの、明治時代初期の絵図面では簸王子社が江戸時代と同様に神池の前に存在しているが、大正時代

御嶽神社

門客人神社

天津神社

	門客人神社	御嶽神社	天津神社
造営	寛文7年（徳川家綱）	寛文7年（徳川家綱）	寛文7年（徳川家綱）
近世社名	荒脛巾社	女体社	簸王子社
屋根意匠	鉄板平葺き	瓦棒銅板葺き	瓦棒銅板葺き
塗装	総丹塗	総丹塗	総丹塗
釘隠（くぎかくし）	なし	あり	あり
木階段数	4段	5段	5段
木階小口塗色	黒色	金色	金色
縁の高さ	低い	高い	高い
浜床（はまゆか）	なし	あり	あり

の絵図面では門客人神社、御嶽神社、天津神社が現在と同じ場所に描かれていることから、その間に移転したことは明白で、おそらく明治十五年の境内改造の際に移築されたものと考えられる。

ところで、残された徳川家綱造営の三社殿を比較すると、興味深い事実が分かる。それは建築上の意匠についてである。細部の意匠について比較すると右の表のようになる。

このように、三社の間では、屋根の意匠や社殿正面

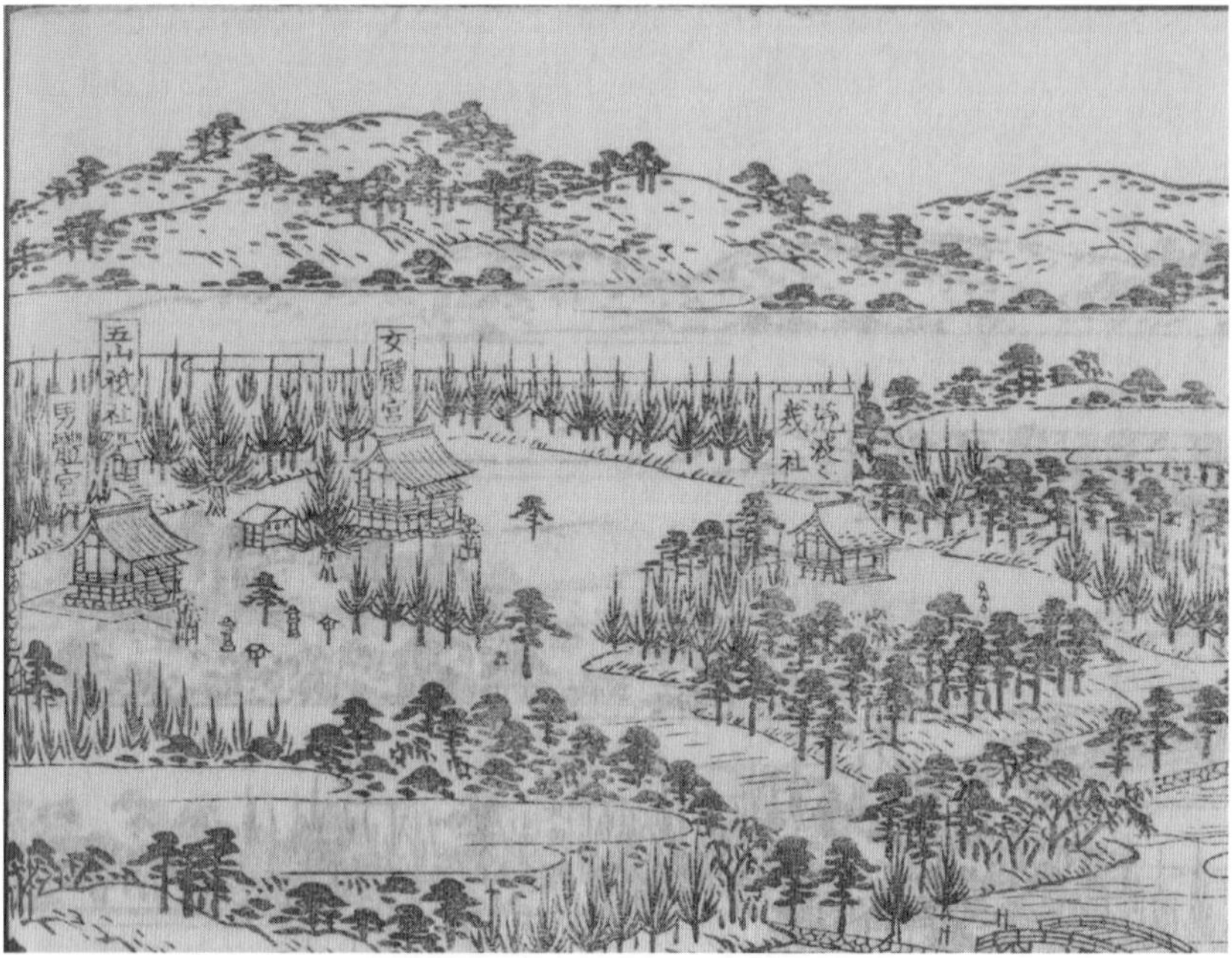

「江戸名所図会」に記される三社殿の様子

に設置されている木階《きざはし》の段数やその小口の色などで違いがある。同時期に同様にして建てられたにも関わらず、御嶽神社（女体社）・天津神社（簸王子社）と比較して、門客人神社（荒脛巾社）は格の低い扱いを受けている。江戸時代の絵図面を見ても、男体社や女体社と、荒脛巾社の建築上の違いは歴然としており、例えば、男体社や女体社、簸王子社の三社が基壇《きだん》上に建てられているのに対して、荒脛巾社にはそれが描かれていない。おそらく、この差は寛文七年の造立以来のものなのであろう。

徳川家綱によって社殿が造られた寛文七年段階では四神主家が並立しており、建築意匠からしても荒脛巾社のみが後の時代に建立されたものとは考えにくい。同時に四棟造立され、一神主に一棟の社殿が割り当てられたと見るべきであろう。それでも、荒脛巾社のみが基壇上に建てられず、細部の意匠も格の低い扱いを受けている理由は明らかではない。荒脛巾社の祭神である荒脛巾神は日本神話に登場しない神であることや、荒脛巾社を祀る神主金杉家が後進の神主だったという理由が考えられるのかもしれない。

●社殿のリサイクル

寛文七年に新たに建てられた社殿は神社内で転用されて、いまだ三棟が現存している。それでは、それまで存在していた社殿は、新社殿の建築後、どのようになったのであろうか。

近隣の神社には大宮氷川神社の社殿を移築したという伝承が複数残されている。さいたま市桜区上大久保の氷川神社本殿、緑区大間木の氷川神社本殿、川口市芝の羽盡《はぞろ》神社本殿などがそれで、建てられた年代はいずれも戦国時代から江戸時代初め頃と考えられるものである。

具体的には、上大久保氷川神社は、伝えでは大宮氷川神社旧本殿を移築したものというし、大間木氷川神社には、寛文七年に大宮氷川神社が社殿を再建した時に旧社殿を買い受けたという記録があり、同年の棟札《むなふだ》も現存している。大間木氷川神社の本殿は大宮氷川神社の本殿にふさわしい風格・規模であるし、羽盡神社の本殿は、無理に考えれば大宮氷川神社での伝承にある文禄《ぶんろく》五年（一五九六）の徳川家康造営の本殿、上大久保氷川神社はその一代前の本殿と考えられなくもない。上大久保氷川神社は二間社、大間木氷川神社・羽

大間木氷川神社

上大久保氷川神社

盡神社はいずれも一間社であり、寸法はそれぞれ違う。大宮氷川神社でどのような使われ方をしていたのかは不明であるが、言い伝えが史実であるならば、大宮氷川神社は社殿新築に際して、それまでの社殿を取り壊すことなく、ほかで社殿を再利用していることが判明する。このことを「氷川移し」と表現する人もいる。

社殿の再利用は、先に見たように境内でも行われている。明治時代の境内整備に伴って、女体社は御嶽神社本殿となり、簸王子社は天津神社本殿となり、荒脛巾社は門客人神社本殿として転用されており、本殿という極めて重要な建造物に関しては、壊すことがなかったのである。そのことが、寛文七年に徳川家綱によって造られた本殿が今に残された理由でもある。

●鳥居などの再利用

社殿そのものではないが、鳥居や石造物も再利用されている。氷川神社額殿前の敷石はもともと旧二の鳥居近くの「たいこ橋」に架けられていたもの、南区内谷の氷川神社境内の石鳥居と前池《ぜんち》の石橋は大宮氷川神

明治神宮鳥居（『明治神宮御写真：附・御造営記録』（大正９年、帝国軍人教育会出版部）

社から譲り受けたものと伝わる。また、北区吉野町の南方《なんぽう》神社の社号標「南方神社」は、大宮氷川神社表参道旧石鳥居の材を再利用したものである。さらには、現在の大宮氷川神社の木造の二の鳥居はもと明治神宮の大鳥居で、樹齢一七〇〇年以上の台湾阿里山《ありさん》産のヒノキを使って造られたものだった。昭和四十一年に明治神宮で落雷の被害に遭ったために大宮氷川神社に移築され、昭和五十一年四月に竣工式を行った。それまでそこにあった石造の二の鳥居は大宮公園口へ移設され、東日本大震災で被害を受けたが、加工されて、再び同じ場所に据えられている。

伊勢神宮での二〇年に一回の式年遷宮では、社殿などがすべて新しいものに取り換えられる。その際、古い社殿の柱は宇治橋に架けられる鳥居に転用されたり、伊勢神宮では使用しなくなったものを全国の神社に下賜したりしている。また、ほかの神社の社殿として使用されたり、神宝がほかの神社に分与されたりしている。同様に、大宮氷川神社でも本来の役目を終えたものも取り壊すことなく、同じ境内で場所を変え、

現在の二の鳥居

あるいは別の神社で、新たな役目を与えられているのである。

六　氷川神社と社僧

明治維新まで、大宮氷川神社には寺院に付属する「社僧《しゃそう》」と呼ばれる仏教者がいた。神社に寺院があったというと現在では奇異に感じるが、江戸時代まではそれが一般的であった。氷川神社にはどのような寺院・社僧が存在し、それがどのように変化していったのかについてまとめておきたい。

●八つの坊と二つのお堂

徳川家康による一〇〇石の社領寄進の翌天正《てんしょう》二十年（一五九二）、関東代官頭《かんとうだいかんがしら》である伊奈忠次《いなただつぐ》によって検地が行われている。その時の検地帳である「高鼻郷大宮之村検地御縄打水帳写」（『大宮市史』第三巻上）によれば、大宮氷川神社には南竜坊、不動坊、池亀坊、常楽坊、梅本坊、愛染坊、大覚坊、宝積坊という八坊の社僧が存在していたことが確かめられる。正保《しょうほう》二年（一六四五）の境内絵図によってその位置が分かり、参道西側の池に近い方から、宝積坊、大聖坊、常楽坊、正林坊が並び、参道東側では池に近い方から、愛染坊、梅本坊、遊鶴坊、観音坊という順序で並んでいた。また、氷川神社の本地仏《ほんじぶつ》である正観音菩薩を祀る観音堂は愛染坊の前に位置していた。

●三つの寺へ

しかし、江戸時代の初期に、神主である氷川内記という人物によって仏教寺院が壊されたといわれ、残った寺院は観音寺、宝積院、大聖院という一寺二院のみになってしまった。氷川内記による氷川神社改革後の様子を描いている天和《てんな》三年（一六八三）の境内絵図などでは、それ以前に比較して、神主家や社人の屋敷は本殿に近い場所に移され、逆に社僧屋敷は遠ざけられているように見える。これも、氷川内記による仏教的要素排除の影響を受けたものかもしれない。

●最後は一つに

氷川内記失脚後、ようやく本地堂である観音堂が再建され、同時に常楽院と愛染院も再興されて、以後、氷川神社には観音堂に加えて、観音寺、宝積院、大聖院、常楽院、愛染院という一寺四院が社僧として奉仕することとなった。観音寺には二〇石、ほかの四院はそれぞれ一〇石が与えられ、以後踏襲されていく。

しかしながら、江戸時代後半には宝積院と常楽院、愛染院、大聖院が無住となり、正観音菩薩を祀る観音堂と観音寺一寺のみになってしまったという。

七　明治天皇と氷川神社

明治という世になって、天皇は大宮氷川神社に行幸《ぎょうこう》した。天皇はいつ、どのような行程で行幸し、何に乗ってきたのか。そしてそれを迎える神社の人々はどのように感じ、どう行動したのか。明治天皇の氷川神社行幸の一日を詳細に見ていく。

●明治維新と観音寺

江戸時代までの大宮氷川神社は、一つの境内に神社と寺院が並存する神仏習合の神社であった。そのため、明治維新の神仏分離の波は大宮氷川神社にも及び、仏教色は短い期間で排除されることになる。

慶応《けいおう》四年（一八六八）三月以降、新政府は仏教色の排除を命じる命令を矢継ぎ早に出す。まず影響を受けたのが、参道入口にある「武蔵國一宮氷川大明神」と江戸時代の能書家佐々木文山が揮毫《きごう》した石碑であった。「本地正観世音」という記述があるために神仏分離に反するとして、観音寺の反発に遭いながらも官軍の通行に際して脇に片付けられている。

また、観音寺住職隆山《りゅうざん》は神社を去り、北区日進町の満福寺へ隠居している。当初、西角井《にしつのい》出雲は隆山を還俗《げんぞく》させて自分の奉仕する簸王子社の社家になることを持ちかけたが、隆山は老齢等を理由としてそれを拒み、結果として満福寺へ移ることとなった。さらに、本地堂である観音堂や仏像・仏具については、観音寺が残らず引き取るよう新政府から命じられている。そ

満福寺

「納経所」標柱

観音堂にあった本地仏聖観音坐像（満福寺）

のため、観音堂に安置されていた正観音菩薩坐像や観音寺境内に建っていたであろう「納経所」「学頭観音寺」と彫られた標柱も同時に引き取られ、隆山隠居の際に満福寺に移転したのである。これらは満福寺に現存している。この正観音菩薩坐像は木造の寄木造《よせぎづく》りで、像高は五五センチ、江戸時代初期の作と考えられるものである。

一方、観音寺にあった正観音菩薩像は観音寺の本寺である川島町の広徳寺に引き取られたというが（その後、広徳寺の末寺に移転したとも伝わる）、現在の所在は不明となってしまっている。無住となった観音寺は明治二年正月に不審火で焼失し、これをもって、長く続いた神仏習合の姿を若干なりとも留めていた大宮氷川神社は、伊勢神宮を頂点とする新しい時代の神社制度の中に完全に位置付けられることとなる。

●天皇がやって来る

慶応四年の九月に、年号は明治に変わった。その翌月、つまり明治元年十月、江戸から帰った西角井監《けん》物《もつ》は、神祇官《じんぎかん》からの指令を大宮氷川神社にもたらした。そこには、明治天皇が大宮氷川神社に行幸することが記されていた。それとともに、本社を男体社のみとし、それ以外は摂社や末社とすべきともあった。それまでの「三社三神主は同格」という大前提から大きく転換して、男体社のみが本社とされたのである。その一報を聞いた神主たちはさぞ驚き、困惑したものと思われるが、来る十月二十八日の明治天皇の行幸に備えて早速準備を始めた。二十一日には早くも職人を雇い入れ、神社の整備を開始する。新政府の役人から建築費一二〇両を受け取り、明治天皇の小休場所となる神主岩井伊予宅を始め、男体社や門などの造作を行っているが、それを数日でこなす様子はまさに突貫工事であり、「諸々の職人三百人程が、明ケ六ツ（午前六時頃）前より夜四ツ（午後十時頃）まで仕事をしている。四、五日の間は夜中少しも休まずに仕事をしているので、かがり火のように本殿から神主伊予宅の前まで廿四五ケ所で焚き火をしたり、そのほかろうそくや提灯で昼のように明るく照らしたりしている」（「神主日記」）と表現されている。

　明治元年の絵図面によれば、本社とされた男体社のみに門や塀が描かれており、この時に新たに造られたものと思われる。唯一の大宮氷川神社神主として、代表して明治天皇を迎える立場となった岩井伊予宅でも、天皇のための御鳳輦寄《ごほうれんよ》せや玉座《ぎょくざ》が新たに造られたようであるが、十月二十六日には一通りの工事が終了し、職人を引き払わせている。

●二泊三日で神社を往復

　十月二十七日に東京城西の丸大手門を出発した明治天皇の行列は、和田倉門《わだくらもん》、神田橋門《かんだばしもん》、小川町、昌平《しょうへい》橋《ばし》、神田明神前を通ったという。現代の道路に置き換えれば、皇居二重橋辺りから出発、和田倉門から日比谷通りへ出、北上して神田橋、小川町を経て昌平橋で外堀を渡り、神田明神下を左折したことになる。その後本郷通りを進んで、加賀前田家上屋敷（現東京大学）で小休止。本郷追分《ほんごうおいわけ》を左に折れて、現在の白山通り、旧中山道で駒込、巣鴨を通過し、板橋宿本陣飯田家で昼食。志村、戸田の渡し、蕨へと進み、浦和宿本陣星野権兵衛家に泊まった。翌二十八日、天皇一行は午前十時過ぎに大宮氷川神社に到着、参道入口で社人が出迎えている。天皇は神主岩井伊予宅で小休止するとともに、着替えをし、男体社へ進んで参拝した。二名の禰宜《ねぎ》は「御橋内大鳥居前」で待機し、神主岩井伊予などは脇門から入って天皇の参拝に立ち会っている。終了後はただちに岩井神主宅まで戻って小休止し、神主と二名の禰宜が二の鳥居まで、社人が参道入口まで先導して中山道へ出ている。天皇の列はそこから一旦北上したようで、宮町の本陣山崎喜左衛門方で昼食を摂った後、再び浦和宿星野本陣家に宿泊し、翌二十九

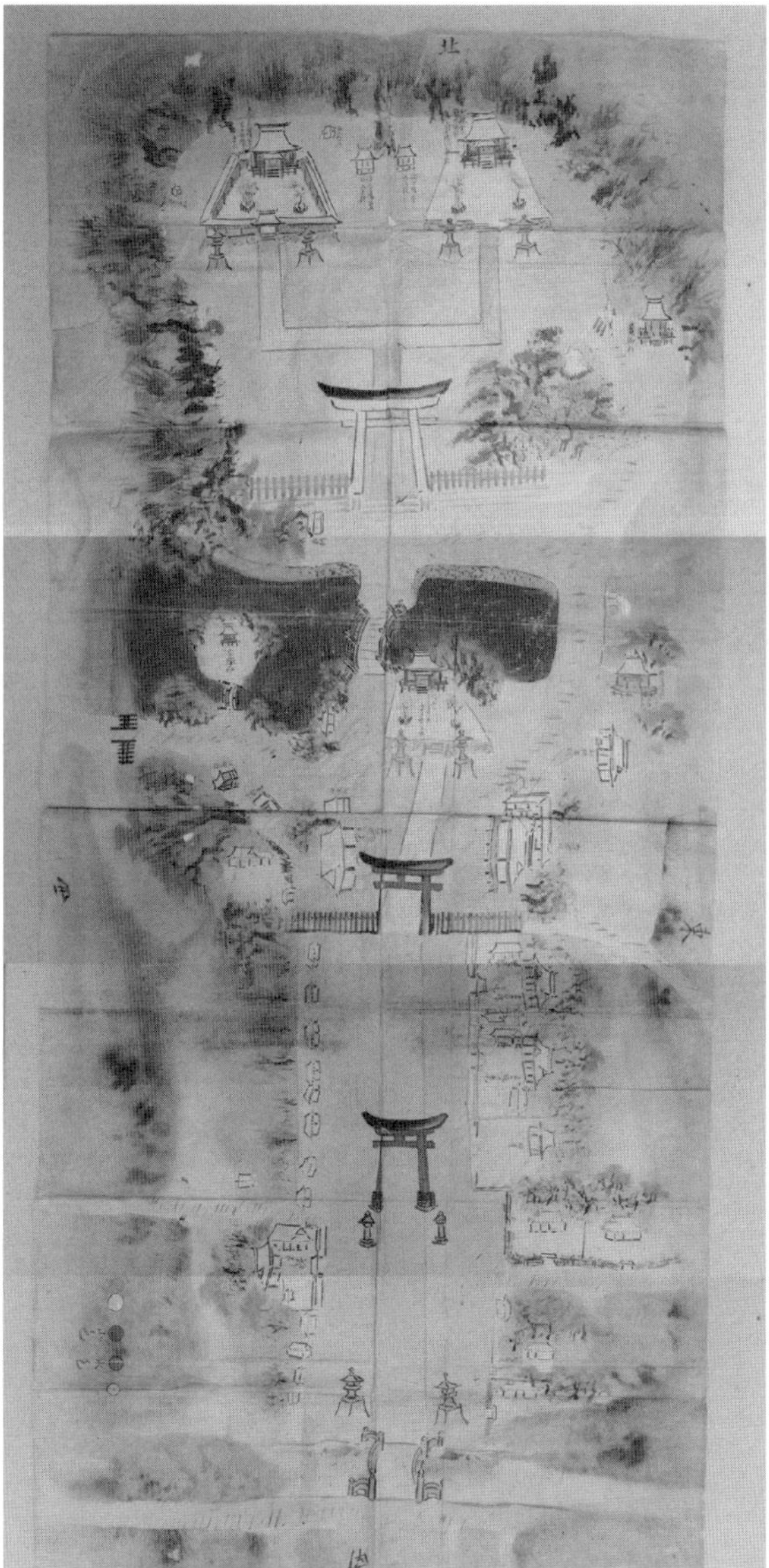

明治元年「一宮社中絵図面」

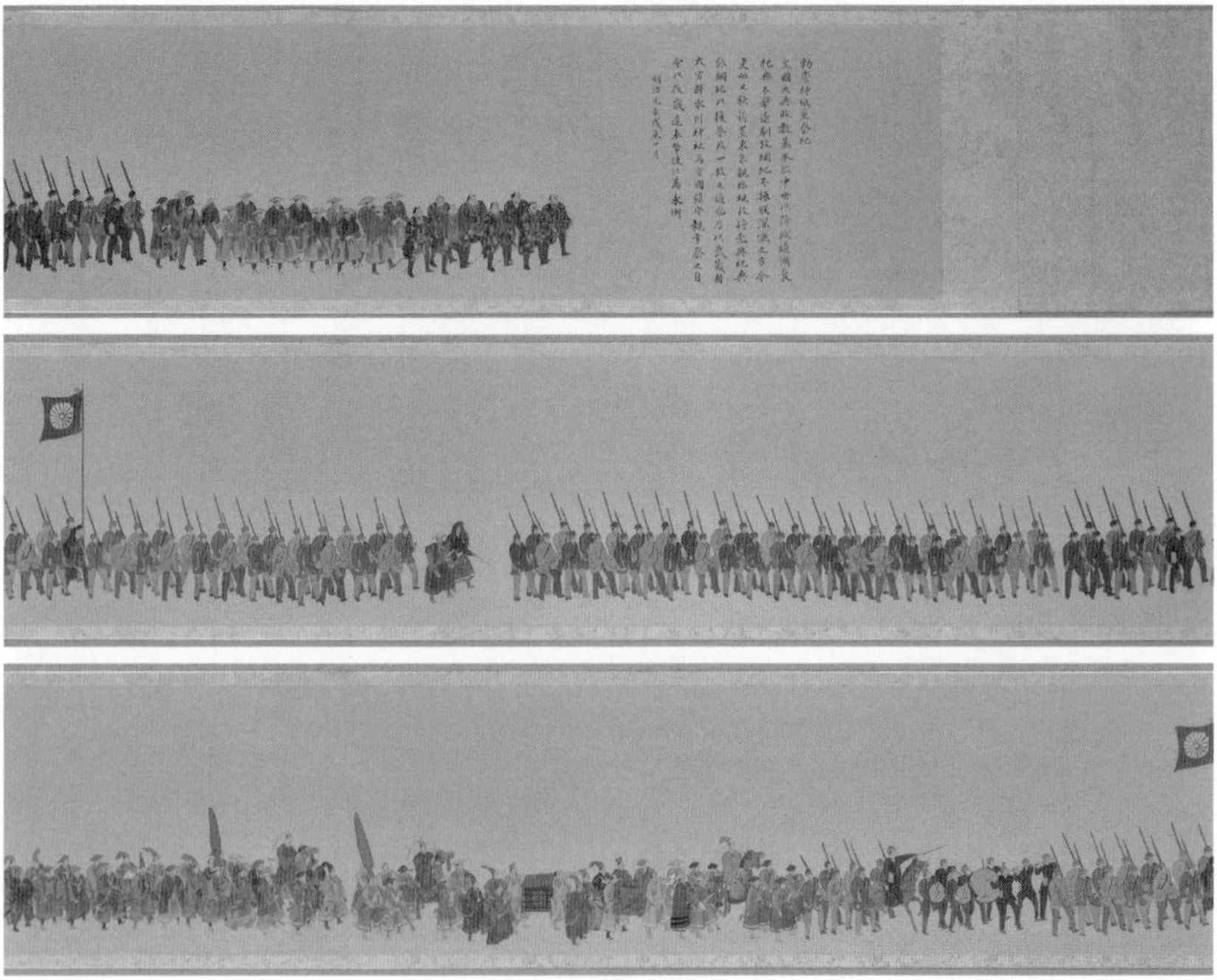

氷川神社行幸絵巻

日午後四時頃に東京へ戻った。行幸当日の大宮は曇りで、その後次第に薄日が射す天気であったが、行幸時には大風が吹いていたと「神主日記」は伝えている。

●天皇の大行列

明治天皇の行幸の様子をもう少し詳しく見てみよう。後に川越氷川神社社司山田衛居《やまだもりい》となる木崎村出身の石田致隆《いしだむねたか》（以下、山田衛居とする）は、この行列の様子を実に見事に描いている。明治元年の行幸を見、その様子を明治二十二年に「氷川神社行幸絵巻」として完成させ、明治二十六年大宮氷川神社へ奉納している。絹地に彩色したもので、天地四〇センチ、長さ一二メートル以上に及ぶ長大なものである。

それによれば、行幸の一行は、先頭から鳶《とび》八人、従者一二人、兵士と従者、菊花紋旗と兵士三七人、鼓笛隊、前陣の官人等一〇七人、天皇の乗り物である「鳳《ほう》輦《れん》」と近衛《このえ》五三人、駕輿《かよ》と官人、後陣の官人等一一四人、大隊旗を掲げる兵士五五人、鼓笛隊、後詰の兵五六人などが続き、そこに描かれた人数だけでも計五四三人

氷川神社行幸絵巻

東京名勝本郷之風景

に及ぶ。この人数が実数かどうかは不明であり、当然増減の可能性もある。描かれた人物像を見てみると、身分によって服装が違い、洋装の者や袴を履いている者、軍服着用の者など多種多様である。また、旗を持つ者や鳳輦を担ぐ者、馬に乗る者や徒歩の者など役割によっても違っている。

三代歌川広重の手になる「東京名勝本郷之風景」という錦絵は、この時の行幸を後になって描いたものであるが、行列の先頭が戸田の渡しを渡っている時に、鳳輦はいまだ本郷の加賀藩邸前にいる。「武蔵国官幣大社氷川神社行幸之図」という石版画でも長蛇の列を描いている。長さの誇張があるにしても、相当の長さだったことは容易に想像できる。

●天皇の氷川神社参拝

明治天皇の行幸の列は、二の鳥居の所で赤装束に風《かざ》折烏帽子《おりえぼし》の神主岩井伊予と禰宜東角井《ひがしつのい》出雲に迎えられて岩井宅に入っているが、「混雑いたし、人数も分からない」（「神主日記」）という状況だった。岩井宅では行幸に備えて、それまでの玄関を壊して、檜の御鳳輦寄せを新築し、屋根も玄関より高くして御輿が入れるように改造したほか、御座所《ござしょ》も新たに造ったが、表御門は間に合わずにそれまでのものを使用したという。改造した岩井宅は、参道に面して表門が、その奥に御鳳輦寄せがあり、そこから一段奥に入った左の突き当たりに御座所があったようである。岩井宅で鳳輦に乗り替えた天皇を岩井伊予が男体社まで案内し、天皇は門前で鳳輦を降りて参拝している。天皇の男体社

東京名勝本郷之風景

参拝に際しては、神橋が壊れていて通行できなかったため、簸王子社の東側から奥の大鳥居を通っている。また、通路には砂を撒いている。

「見物参詣の人々は幾万人もいるだろうか、数も分からない」という「神主日記」の記事は誇張であろうが、好奇心を持って多くの人が集まり、これまでの最高権力者とは違う、「天皇」という存在を初めて身近に感

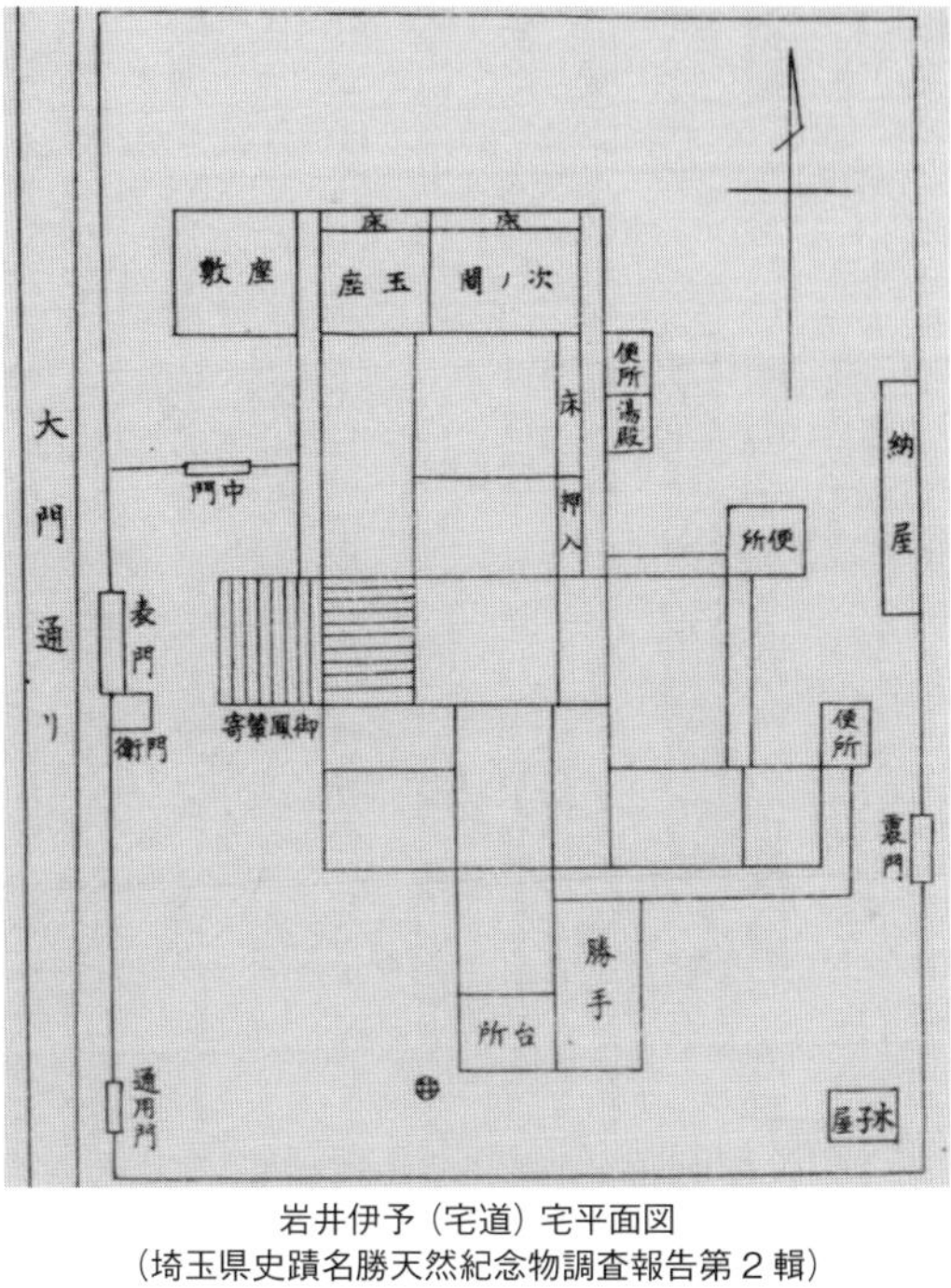

岩井伊予（宅道）宅平面図
（埼玉県史蹟名勝天然紀念物調査報告第２輯）

じた群衆は、まさに新しい時代の到来を否応なく受け入れたことであろう。集まった群衆はその姿を目の当たりにすることは叶わなかったかもしれないが、嘉永《かえい》五年（一八五二）生まれで当時一六歳という若き明治天皇の息遣いを、新しい時代の風とともに感じ取ったかもしれない。

●天皇の乗り物

ところで、明治天皇が大宮氷川神社行幸時に使用したのは、どのような乗り物だったのかについて考えてみたい。どの記録を見ても、天皇は岩井神主家で正式の乗り物である「鳳輦」に乗り替えて本殿前まで行ったということは共通している。

しかし、岩井神主家までは何に乗っていたのかということになると、記録によって違う。つまり、行幸を見たという絵師山田衛居は後年に作成した「氷川神社行幸絵巻」の中で、鳳輦の後方に、大名が乗るような「駕籠《かご》」を描いている。後の世に描かれた行幸の図もほとんどが「駕籠」を描いている。また、行幸を近い場所で見たであろう神主一族の手になる「神主日記」でも「白木の檜作りの御駕籠一挺が伊予方へ御入りになった」とあって、岩井神主家までは「駕籠」に乗っていたとしている。

一方、明治天皇の事績と政治・社会の重要事件をまとめた『明治天皇紀』は、この時の乗り物に関して、「板輿《いたこし》で浦和行在所《あんざいしょ》を出発し、氷川神社の神主屋敷で着替えをしたあと、鳳輦に乗って社家二人に先導させて、本社の門前に行った」と記し、神主岩井宅までは板輿という乗り物で、そこで鳳輦に乗り替えたことを伝えている。「明治元年行幸記」という記録にも「天皇一行は神主岩井宅へ行き、そこで板輿をやめた」「御鳳輦で出発した」とあって、同様の内容を記している。また、大宮氷川神社行幸の前、明治天皇が京都から江戸城へ入城する際の行列順序を記した「御東幸御供奉御行列附」という記録でも、「鳳輦」の少し後方に「御板輿」があり、明治三年の大宮氷川神社への二度目の行幸を伝える「東京城日誌」という記録にもやはり「御板輿」と記されている。板輿とは屋根や腰の両側を板

板輿のイメージをよく表す「白輿」（国重文、山梨県甲斐市常説寺所蔵）

張りにし、前方の出入り口に御簾《みす》などを垂らした軽装の輿のことである。

このように、岩井神主家まで天皇は「板輿」だったのか、「駕籠」だったのか、違う二種類の記録があることになる。そこで疑問となるのが、明治天皇の大宮氷川神社への行幸の列で「鳳輦」の後ろにあったのは、山田衛居の「氷川神社行幸絵巻」が描いた通りの、武士が乗るような「駕籠」だったのか、それとも担ぐ人が腰の部分で轅《ながえ》を支える「板輿」だったのかということである。明治天皇行幸時、弱冠二〇歳だとする絵師山田衛居がどのような位置や姿勢で列を見ていたのかは不明ではあるが、明治三年の明治天皇の二度目の行幸を迎える際の沿道庶民に対する取り決めは、「人家のある場所では軒下の雨垂れより中に入らず、人家のない所では沿道の並木より中に入らず、往来の妨げにならない場所で蹲踞《そんきょ》拝伏すべき」（「明治三年行幸日記」）であり、一般民衆に新しい天皇の「姿」を見せることも目的ではあったにせよ、他の例からすれば、自由に近寄ってすべてを見られたとは限らない。山田衛居はどういう状態で行幸の列を見、長い列の詳細をどれだけ正確に記憶し得たのであろうか。「神主日記」での「白木の檜作りの御駕籠」という表現のうち、「白木の檜作り」とは「駕籠」ではなく「板輿」と理解するのに相応しく、「御駕籠」という表現は、「板輿」など見たこともない神主家の誤った理解なのではないだろうか。実際に天皇が乗って来たのは「駕籠」なのか、「板輿」なのか検討する余地があろう。

八　明治維新と神主家

明治天皇の行幸によって、大宮氷川神社は「民衆の神社」から「国家の神社」へと変化していく。維新という時代の荒波を受けて大きな転換を余儀なくされた神主家は、大きな変化をどのように感じ、どう受け止めていったのかについて考えてみよう。

●岩井家、唯一の神主へ

明治元年十月、大宮氷川神社は、皇居が所在する武蔵国の鎮守《ちんじゅ》である「当国鎮守」と位置付けられるとともに、天皇家が勅使《ちょくし》を遣わすのを永例とする旨の勅書が出された。勅書が出されてから一〇日後には、早くも明治天皇は大宮氷川神社行幸のために東京を出発している。

そんな慌ただしい明治新政府の施策を受けて、神社では極めて短い期間のうちに組織の大きな変更を余儀なくされた。従来の「三社三神主は同格」という大前提は否定され、男体社を本社とし、女体社・簸王子社は摂社や末社に位置付けられ、男体社を奉祀する岩井伊予が唯一の神主家となり、女体社を奉祀する角井駿河（東角井家）や簸王子社を奉祀する角井出雲（西角井家）は禰宜《ねぎ》に格下げされた。突然の沙汰に、神主家、特に禰宜に格下げされた二家は大いに不満で、角井出雲は、連綿と神主職を続けてきたにも関わらず、耐えがたいことだとして、政府役人に降格の理由を問いただそうとしている。しかし相手にされず、どうしても承諾しがたいという心中を吐露している（「明治元年行幸記」）。

ところで、行幸のあった二ケ月後の十二月、大湯祭《だいとうさい》の際にある事件が起こった。大湯祭も無事終了し、神主を始め一同がほっとして神楽殿で直会《なおらい》を催している最中、宴も終わりに近くなって、監物《けんもつ》が酩酊して神楽殿にかかっていた幕を脇差で切り裂いた上に、裸足で神主宅へ切り込むという事件が発生した。監物とは簸王子社に奉祀する西角井出雲の子供であり、父出雲は息子の不祥事に対して早速東角井宅へ詫びを入れ、東角井家も岩井家に詫びに行っている。原因は監物の「酩酊《めいてい》」という、一私人の事情で片付けられてはいるが、つい二ケ月前までは三神主が同格であったにもかかわらず、明治維新の激動の中で、禰宜へと降格させられた西角井家の落胆と憤懣《ふんまん》はいまだ解消することなく、それが酒席で一気に爆発して引き起こされた事件と見るべきであろう。

明治天皇の大宮氷川神社行幸を契機に、神職だけではなく社殿の有様にも変化が生じ、男体社、女体社、簸王子社のうち、男体社を本社とするために、男体社のみに門や塀が新たに設置されて差別化が図られている。寛文《かんぶん》七年（一六六七）に四代将軍徳川家綱《いえつな》が社殿を造営するまでは、男体社が本社として扱われていたが、明治になって、二〇〇年ぶりに再び男体社が本社と位置付けられたことになる。

●岩井神主家の立ち退き

明治三年にも再度、明治天皇は行幸し、官幣大社に位置付けられた。まさに当国鎮守としての扱いを一身に受けるようになっていく。しかしその裏で、江戸時代までの神社のあり方を否定する新政府の方針は大宮氷川神社も例外とはせず、明治四年に社領地は政府のものとなり、翌五年には神職も給料制となった。それまで長い間続いた世襲による神主制も廃止され、新政府任命の大宮司交野時萬《かたのときつむ》が中央から派遣されることとなっていく。その結果、岩井家は神主職を免ぜられ、住まいも立ち退かされることとなり、邸宅は政府が三四七両余りで購入することとなった。「年中諸用日記」に「家財を残らず取調べて差出すように仰せ付かり、誠に気の毒千万」と記されているのが、神社に残された人の、岩井家に対する感情であった。それまで若干ながらも江戸時代色を残していた大宮氷川神社は、ここで完全に近代の新しい神社制度に飲み込まれることになるのである。

なお、神社を立ち退かされた岩井伊予は、後に現在の三の鳥居脇の参詣駐車場の場所に屋敷を構えたというが、明治十五年失意の内に没することになった。大宮区高鼻町二丁目の岩井家の墓域にある、「百十三代物部宅道　明治十五年二月」「岩井宅道妻　明治六年」と刻まれた墓標が岩井伊予夫婦の墓石である。

●新しい宮司がやって来た

大宮司となった交野時萬は公家である西洞院家《にしのとういんけ》の流れの出身である。時萬は明治二十七年に正三位子爵《ししゃく》となり、明治四十一年に従二位子爵から正二位に叙され、大正三年に薨去《こうきょ》している。時萬は大宮司に任命されても大宮氷川神社に常駐したのではなく、東京にあって大祓《おおはらえ》などの神事や「御用取調」のために大宮氷川神社へ出張していたにすぎなかった。

岩井家墓地

ちょうどこの頃、大宮氷川神社に対する民衆の信仰は衰退傾向にあった。「当国鎮守」とされ、明治天皇の二回の行幸を経験し、官幣大社にも列するなど国家規模の崇敬を表向きには受けている。しかしながら、それまで世襲されてきた神主制が廃止されて、官選の宮司が派遣されるという神社を取り巻く状況の大変動により、大祭と位置付けられた祭礼にさえ地域の人々が集まってこないという寂しい状況だったことが「年中諸用日記」で窺われる。

そんな中、明治六年に平山省斎《ひらやませいさい》という人物が大宮司に就任することとなる。平山省斎はもと幕臣で、十五代将軍徳川慶喜《よしのぶ》の補佐役であったが、明治維新後は神道家となり、後に神道大成教《しんとうたいせいきょう》を組織した人物である。

平山省斎が大宮司に就任すると、離れていた地域の人々の信仰を再び大宮氷川神社へ集約させることに努力したほか、時の県令《けんれい》白根《しらね》多助《たすけ》を補佐して社殿造営に尽力し、明治十四年には社殿再建のための費用を献納したという。参道入口の一の鳥居脇にある「武蔵國一宮」の標柱の裏面に「官幣大社氷川神社」とあるのは、平山省斎在任中の揮毫になるものである。

「官幣大社氷川神社」標柱（平山省斎書）

平山省斎墓石（谷中霊園）

●東角井家宮司復帰へ

ところが、平山省斎のように神道の興隆を願う人物のみが宮司に任命されたのではなかったようである。明治二十三年に、大宮氷川神社氏子有志の川島順蔵、林鼎造ら一二名が埼玉県知事に対して、神職採用に関しての建言書を提出したことがあったが（埼玉県行政文書）、これによれば、官幣中社宮司に氷川神社宮司を兼務させないこと、県庁の威権を借るような不適切な人物を採用しないこと、旧神主を早く神社に戻すこと、人望篤い人物を採用すること、勧財主義の人物を排除することの五点の改革を要望している。前知事にも要望したが採用されなかったとして、速やかに実行することを求めており、当時の神職の中に、そのような状況があったことが窺われる。

事実、平山省斎が日枝《ひえ》神社宮司に転出した後は、大宮氷川神社では黒田清兼、堀越弥三郎、風早公紀、伊藤景裕、神宮嵩寿、秋山光条、岡谷繁実、杉谷正隆、中島博光、額賀大直、足立達、有賀忠義と官選の宮司が続いた。数年で異動を繰り返す彼らの出身を見ていくと、多くが華族や官吏であり、神道に造詣の深い人物ばかりではなかったようである。そのため、中には職務に忠実ではなく、品性神職に不適切として休職を命じられた人物もいたほどである。また、官位は六位から七位程度の人物がほとんどで、岩井家の五位に比較すると、概して位の低い人物が宮司となっている。川島順蔵、林鼎造らの建言書は、このような状況を背景に出されたものなのであろう。

戦後になるまで官選宮司に対する地元の不満は残っていたが、昭和三十四年に旧神主東角井家が宮司職に復帰することになる。建言書が出されてからほぼ七〇年後、明治元年に神主から禰宜に降格させられてからは実に九〇年後のことである。一世紀近く経って、ようやく旧に復したことになる。

Ⅱ　石造物と参道

一　能書家佐々木文山

氷川参道入口には、「武藏國一宮」という石の標柱が建てられている。一の鳥居から神社に参拝する人には一際目立つ存在である。この標柱を見ると、氷川神社のたどってきた永い歴史を垣間見ることができる。

「武藏國一宮」標柱

●参道入口の「武藏國一宮」標柱

一の鳥居脇に、石の標柱がある。正面には「武藏國一宮」と大書され、その下には右端に「氷川大明神」、左端に「佐《さ》々《さ》木《き》文山《ぶんざん》書」とあるほか、「佐々木文山書」の右脇は明らかに削り取られた痕跡がある。右側には「是より宮迄十八町裏大門すく道有」とあり、左側には「享保《きょうほう》七壬寅《みずのえとら》二月吉祥日同郡施主氏子中」と記されている。これによって、この標柱は享保七年（一七二二）に、地元の氏子たちが建立したものであり、基礎の部分に「江戸石工《いしく》　加藤佐次兵衛」とあることによって、江戸の石工が建立に関与していたことになる。

一方、この標柱には明治十四年に追加された文字があり、背面の「官幣大社氷川神社」「宮司大教正正七位平山省斉謹書」などがそれに当たる。

佐々木文山肖像

すでに指摘されていることではあるが、この標柱には注目すべき点がいくつかある。それは、①佐々木文山の書であること ②「佐々木文山書」の右脇の「本《ほん》地《じ》正（あるいは聖）観世音」という文字が削り取られていること ③「官幣大社《かんぺいたいしゃ》」の文字がコンクリートで埋められていた痕跡があることである。これらの点について、これまでの成果も踏まえながら、今一度考えてみたい。

●佐々木文山書の標柱

佐々木文山は江戸時代前半の書家で、万治《まんじ》二年（一六五九）江戸に生まれ、一〇代の頃から讃岐高松藩松平家に仕えていたというが、宝暦《ほうれき》六年（一七五六）に高松藩を辞した。俳諧師榎本其角《えのもときかく》らと交わり、風流人としても知られたが、享保二十年七七歳で死去した。戒名は流芳院発与黒花文山居士。はなはだ酒を好み、酩酊すれば一筆入力妙なりといわれた。兄佐々木玄龍とともに唐様《からよう》や朝鮮系の書体を得意とし、日本全国二〇以上の寺社の額や社号標など多くの場所にその書を残している。県内の例としては、毛呂山町にある天神地祇社の「八幡宮」扁額、深谷市の楡山《にれやま》神社の「熊野三社大権現」額、稲荷町の瑠璃光寺の「深谷山」額もそうである。また、安国寺（越谷市）や多聞院（さいたま市見沼区丸ケ崎）の額も佐々木文山によるものだといわれている。篆《てん》・隷・草・行・楷いずれの書体にも優れていたといわれるが、今に残る額では隷書《れいしょ》が圧倒的である。大宮氷川神社標柱の書は楷書で、「武」や「藏」にある「撥《は》ね」が力強いこと、各文字の始筆や留めが大きいことが特徴で、同じく文山の書である田村神社（郡山市田村町）の「大元帥」額の文字と共通している。

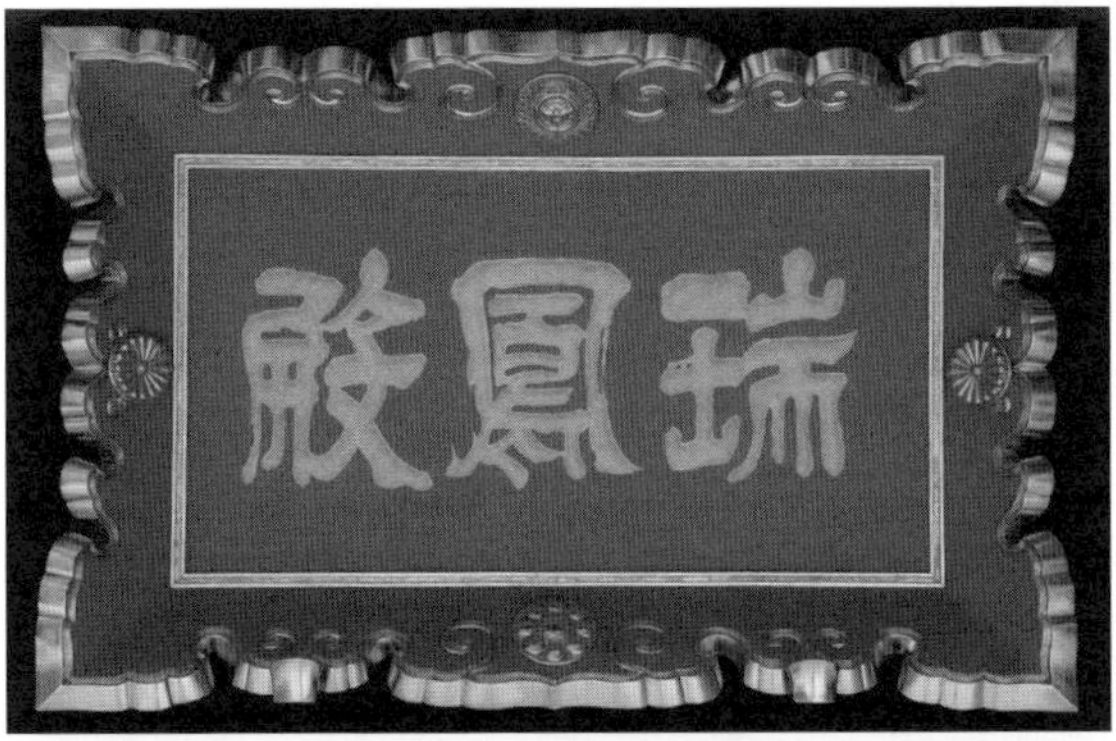

佐々木文山揮毫の伊達政宗御霊屋「瑞鳳殿」額（仙台市）

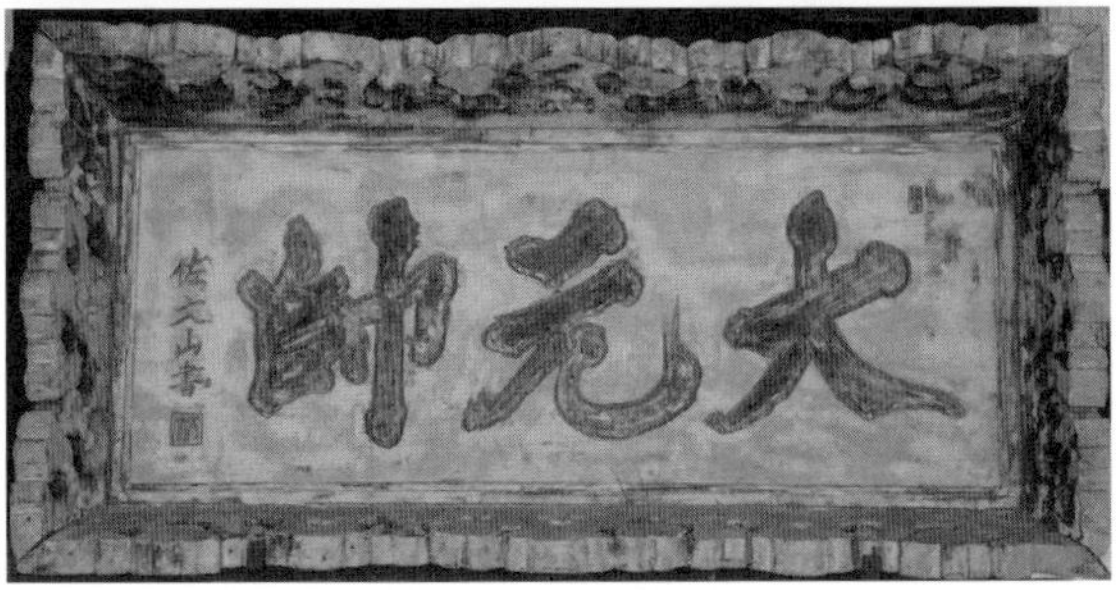

田村神社「大元帥」額

●「本地正観音」の文字が削られた標柱

次に、「佐々木文山書」の右脇の文字が削り取られていることについてである。そこには、「本地正観世音」と彫られていたように見える。本地とは本地仏の意味で、神仏習合による本地《ほんじ》垂迹説《すいじゃくせつ》という考え方に基づいて、大宮氷川神社の本地仏が正観音菩薩とされていたことを示している。

江戸時代の氷川神社境内を描いた多くの絵図には、三つの社殿とともに、神池の右側に観音堂が描かれている。この観音堂の本尊こそが、参道入口の標柱に「本地正観世音」と刻まれた正観音菩薩である。

さて、この標柱に彫られた「本地正観世音」という文字は人為的に削り取られているように見える。それはいつのことだったのであろうか。「神主日記」には、慶応《けいおう》四年（一八六八）のこととして、一の鳥居脇のこの標柱に彫られている文字が新政府のお触《ふれ》に背くことになるので、官軍の通行に際して脇へ片付けるという記事があるので、この官軍通行の際に、標柱本体の撤去と「本地正観世音」の文字の削り取りが行われたのであろう。

明治十三年に川越氷川神社の祠官である山田衛居《やまだもりい》が描いた銅版画の氷川神社の絵図には、一の鳥居付近の様子も描かれている。これによれば、この標柱は本体部分が取り除かれた状態で基礎部分のみが今と同じ場所に建っている。おそらく慶応四年に本体部分のみが取り除かれ、基礎部分はそのままそこに置かれていたのであろう。この銅版画をよく見ると、参道の反対側に標柱らしきものが竹矢来《たけやらい》に囲まれて単独で立っている。この標柱の正面には「官幣大社氷川神社」とあり、左側面にも何らかの文字が描かれているのが読み取れる。慶応四年の官軍通行の際に取り除かれた標柱本体がこれで、明治十四年には「官幣大社冰川神社」と追刻された標柱本体が再び基礎上に戻されることとなるのであるが、本体部分は明治十三年まで脇にそのまま置かれ、山田衛居の絵図に描かれていたのかもしれない。

●「官幣大社」の文字も埋められた標柱

「官幣大社」の文字がコンクリートで埋められていた痕跡があることについて触れてみたい。

官幣大社とは明治維新後にできた神社の社格の一つである。官社《かんしゃ》、諸社《しょしゃ》（府県社、郷社、村社）、無格社《むかくしゃ》に大きく分けられ、官社には官幣社と国幣社《こくへいしゃ》があり、それぞれに大社、中社、小社の区別があった。官幣大社を頂点とし、無格社を底辺としたものである。氷川神社は明治四年の社格制度発足と同時に官幣大社となった。これを受けて、氷川神社の境内には「官幣大社氷川神社」の文字を彫った標柱が建てられていく。その一つが、佐々木文山書の「武藏國一宮」の標柱の裏に、追加する形で刻んだ「官幣大社冰川神社」の文字である。また、明治三十二年には「大宮町松坂屋」によって「官幣大社氷川神社」の標石（現二の鳥居付近）が、大正六年には石井直三郎、妻喜運によって、「官幣大社氷川神社」の標柱がかつての二の鳥居脇など二ケ所に、それぞれ新たに建立されている。

今に残る「官幣大社氷川神社」と刻んである標柱の中で、中山道と裏参道（公園道路）との交差点にある標柱が、「官幣大社」の文字がコンクリートで埋められていることがはっきりと分かる。戦後、社格制度が廃止されたことによって、各地の神社は標柱などからそれまでの遺産である社格の文字を消していくこととなる。日本各地の神社で見られるこのような例が、氷川神社でも行われていたのである。

なお、現在、大宮公園口にある「官幣大社氷川神社」の標柱、さらには現在の二の鳥居付近にあった明治三十二年「大宮町松坂屋」建立の「官幣大社氷川神社」の標柱は、終戦時いずれも参道内にあったことになるが、それらにはコンクリートで埋めた形跡はない。表や裏の参道入口といった目立つ場所にある標柱のみがコンクリートで埋められたのかもしれない。

二　能書家平林可儀

参道途中に、あまり目立たない存在の一対の灯籠が建っている。実はその建立には多くの人が関与し、有名な書家の文字も彫られている。普段何気なく通り過ぎてしまうこの灯籠を見返してみたい。

●「氷川大宮御橋内」灯籠

二の鳥居と三の鳥居の間の参道に、正面に「奉献氷川大宮御橋内　平林可儀謹書」、背面には「文化《ぶんか》十四年丁丑《ひのとうし》十一月吉日」と彫られた灯籠がある。背面には「御井垣之内村々其外近遠氏子信心中　大宮神主角井駿河守物部惟臣門人中」とあり、文化十四年（一八一七）にこの灯籠が多くの崇敬者によって奉納されたことが分かる。それを証明するかのように、基礎部分などには個人名だけでも二〇〇人を超す名前が記され、それに複数ある「信心中」「村中」「惣氏子中」

「氷川大宮御橋内」灯籠

「太々御神楽連」に加わっていた人を加えれば、数百を超す奉納者がいたことになる。これらの人の出身は市内を始め、上尾、舎人《とねり》、坂田、滝馬室《たきまむろ》、横沼といった県内外に及んでいる。文字通り、地元の村々やそのほかの遠近の氏子たちによる大事業であったようである。

　正面に「平林可儀謹書」とある通り、この灯籠の文字は能書家平林鴻山《ひらばやしこうざん》（名は可儀）の揮毫になるものである。平林可儀は、やはり江戸時代の能書家平林東嶽（正五郎）の子で、東嶽は「江戸ノ書家ノ中ニ八平林正五郎第一スクレタリ」（南川維遷「閑散餘録」『少年必読日本文庫』第一編）と評された人物である。その子、平林可儀についてはあまり資料がないが、「神主日記」には同時期、「八丁堀代官屋敷の筆道師匠平林鴻山宅へ出かけた」という記事が残されており、この石灯籠建立に関わる記事かもしれない。

平林可儀謹書と彫られている

●建立した人たち

　この石灯籠建立に関連する記録として、灯籠が建立された年と同じ文化十四年の「石灯籠建立助成世話人連名帳」（東角井家文書）というものがある。ここには、現在のさいたま市、上尾市、川口市、戸田市、和光市、板橋区、越谷市、八潮市、草加市、吉川市などという非常に広い地域の一五〇近くの町村名が記され、名主たちが押印をしている。各地域の名主たちが世話人となり、寄付者と氷川神社との仲立ちをしたものと思われる。しかしながら、実際に文化十四年の石灯籠に彫られている町村数は、それに比べれば極めて少ない。

その理由は不明だが、文化十四年の石灯籠建立は地元のみならず、遠近の氏子を巻き込んだ大事業だったことに変わりがない。

ところで、この石灯籠には「与野町石工《いしく》　佐藤太平次光重」「石屋多四郎」という石灯籠製作に関わった二人の石工の名前が記されている。そこで、次の項で、大宮氷川神社に残る石造物を製作した石工について述べてみたい。

「与野町石工　佐藤太平次光重」部分

三　石造物と石工

参道や境内を歩いていると、多くの石造物に出会う。神社に付きものの灯籠はもちろん、力自慢をした力石《ちからいし》やいろいろな石碑が存在している。これらの石はいつ、誰が刻み、その石はどこから神社に運ばれたのであろうか。神社を舞台に活躍した「石工」という職人の活躍を追ってみたい。

●石工名のある石造物

参道から境内にかけての江戸時代の石造物については、大宮郷土史研究会の「武蔵一宮氷川神社境内石造物の調査」（『氷川神社の歴史と四季』）が非常に参考になる。それによれば、大宮氷川神社にある石造物は非常に多いが、その中で石工名が記されるものはそれほど多くはない。同書に掲載されたこれら石造物や関係する資料から、石工名のあるものや「石屋」といった表現のあるものを一覧表にして見る。

No	年号	西暦	場所	形態	石工出身地				石工名	参考
					岩槻	与野	江戸	他		
1	享保7	1722	参道	標石			●		江戸石工加藤佐次兵衛	
2	宝暦10	1760	参道	灯籠		●			与野町石工平左[redacted]	
3	寛政8	1796	社務所脇	力石			●			神田筋違外
4	—	—	社務所脇	力石			●			神田筋違外 藤兵衛
5	—	—	社務所脇	力石			●			神田筋違外
6	文化12	1815				●			石屋与野町	墓所へ石碑立
7	文化13	1816	参道	灯籠	●				石工岩槻田中福敬	
8	文化13	1816				●			石屋与野太平次	
9	文化14	1817	参道	灯籠		●			与野町石工佐藤太平治光重	
10	文化14	1817	参道	灯籠		●			与野上町石屋多四郎	寄進者交名中
11	文政3	1820						●	河口町石屋紋二郎	
12	文政3	1820						●	河口町石屋紋二郎	
13	文政3	1820						●	川口宿石や	西角井家文書
14	辰	1820						●	川口宿石屋紋太郎	西角井家文書
15	文政4	1821						●	川口宿石屋政二郎	
16	文政4	1821						●	川口宿石屋政二郎	
17	文政4	1821						●		石屋三人
18	文政4	1821				●			与野町石や	西角井家文書
19	文政6	1823						●		石屋へかたすみ壱俵
20	文政8	1825				●			石屋与野右平次悴多四郎	
21	天保3	1832				●			与野町石屋太四郎	
22	天保3	1832						●		石屋弐人　石碑
23	天保3	1832				●			与野町石屋太四郎	竿石 上段石 下段石
24	天保5	1834				●			与野町石屋	
25	天保12	1841			●				石屋武兵衛	西角井家文書
26	天保13	1842	社務所脇	力石				●	石屋源太郎	
27	嘉永3	1850	門客人社脇	碑			●		広群鶴	
28	嘉永4	1851			●				岩附町石屋	
29	嘉永4	1851			●				岩附石屋	
30	嘉永6	1853	参道	灯籠			●		千住在榎戸六丁石工安五郎	
31	安政3	1856	参道	灯籠	●				岩槻石工田中武兵衛	
32	安政6	1859	参道	灯籠			●		六丁石工吉田右近源朝保	
33	安政6	1859		灯籠			●			
34	安政6	1859		灯籠			●		六町石工	
35	寅7月4日				●				石屋武衛門	西角井家文書
36	—	—				●			与野石屋	西角井家文書
37	—	—	宗像社前	基礎				●	八丁石工秋本初五郎	

※製作年不明のものは、製作年が判明する同名石工の最後尾に便宜上挿入した。
※場所は調査時点のもので、現在は移動しているものもある

大宮氷川神社の石造物では、全体的に見ると、与野や川口、岩槻の石屋の手によるものが多くを占めている。ほかには、「神田筋違外　藤兵衛」という江戸の石工や千住《せんじゅ》榎戸《えのきど》の六丁《ろくちょう》石工、浦和の八丁《はちちょう》石工の例が残っている。

●与野石工・川口石工

与野石工は、与野上町の佐藤平左衛門―太平治（光重）―太（多）四郎と続いた石工で、江戸時代の与野石工を代表する家系であった。「神主日記」によれば、天明《てんめい》六年（一七八六）に死没した角井直臣という人物の三〇年祭に際しての墓石建立に、与野の石工が携わっていたことも判明し、参道や境内の石造物という「公的」以外にも、私的に神主家との繋がりがあったことが分かる。

また、川口の石屋「紋二郎」「政二郎」が石灯籠建立に関わっていることが「神主日記」から知られる。この二人については詳細が不明なものの、このように、大宮氷川神社では与野の石工だけではなく、石造物造立に関しては付近や江戸の石工が加わっていたと考えられる。与野の石工と川口の石工の協力体制は、桜区五関・東福寺の石橋供養塔《いしばしくようとう》でも見られ、そこには石工名として与野町平左衛門と川口町長四良の名が併記されている。

●江戸の石匠

社務所前にあった力石に彫られる「神田筋違外　藤兵衛」は、藤橋の六部堂《ろくぶどう》（さいたま市西区植田谷本）の石橋供養塔にも見える「江戸筋違御門外　井筒屋藤兵衛」のことであろう。かつて社務所前には三つの力石があり、この三つの力石はほぼ同時に「藤兵衛」によって彫られたものと考えてよいのであろう。

門客人社脇にある、嘉永《かえい》三年（一八五〇）の華道家たちの「瘞花碑《えいかひ》」に見える広群鶴《こうぐんかく》は東京谷中の石匠で、江戸随一と名を馳せ、江戸時代後期から明治・大正・昭和と活躍し、昭和三十一年の廃業まで、九代にわたりその技術を継承したという。江戸（東京）を中心に広い地域に名を残し、遠く京都でもその作が知られている。市内ではこれ以外にも、明治十三年の埼玉県人《さいたまけんじん》殉難碑《じゅんなんひ》（調公園）や明治十八年の埼玉県令白根君碑（大宮公園）、明治二十五年の原稲荷神社灯籠（西区佐知川）、年未詳の大熊渓雲碑（調公園）に「広群鶴」の名前が見える。

●六丁石工

六丁石工は江戸千住榎戸の石工といわれるが詳細は不明である。二の鳥居近くの嘉永六年の石灯籠に「千住在榎戸六丁　石工安五郎」、参道途中の安政《あんせい》六年（一八五九）の「武蔵国一宮東国総鎮守　氷川両本宮」と大書される石灯籠に「六丁石工　吉田右近源朝保」とある。この石灯籠の建立のことは「神主日記」にも記載があり、「六町から石屋二人が来て切り始めた」、「金壱分を手間代として六町石工に渡す」と見えている。ここに記される「六町石工」というのが、吉

嘉永３年の「瘞華碑」

千住榎戸の六丁石工の作例（嘉永６年灯籠）

田右近源朝保という人物を指しているのであろう。六丁石工の灯籠の特徴は基礎の部分に獅子面を配することで、中山神社（さいたま市見沼区）の安政三年と文《ぶん》久《きゅう》二年（一八六二）の石灯籠は六丁石工安五郎の作例であるが、同様に獅子面が配されている。ちなみに、同社境内の明治三年の狛犬も安五郎の作品であるし、西福寺（川口市西立野）の「百観音供養塔」にも安五郎の名が見える。居を構えていたと思われる千住の地ではその作例は見つかっていないが、埼玉県南での活躍の様子が知られる。

●浦和の石工

氷川神社に関係する浦和の石工は、八丁石工しかいない。浦和では、江戸時代後半に八丁石工が登場するまでは、継続的に家業として石工を営んでいた家はなく、それまでは「与八良」（享保《きょうほう》十年［一七二五］、南区南本町）、「権八」（寛政《かんせい》六年［一七九四］、南区関）、「権八良」（寛政十二年、緑区東浦和）、「大間木村石工藤田良正本」（天明元年［一七八一］、緑区東浦和）と

獅子面があるのが六丁石工の特徴

いう名前が散見するのみだった。また、浦和の名刹である玉蔵院の「短才見聞録《たんさいけんぶんろく》」（『浦和市史』近世資料編Ⅰ）によれば、調《つき》神社の明和《めいわ》二年（一七六五）の灯籠の石工は玉蔵院門前の野尻伊右衛門であり、玉蔵院門前で石工をしていた人物がいたことが分かる。中央区大戸不動堂の享保十九年の宝篋印塔《ほうきょういんとう》には石工野尻九右エ門と彫られており、両者は関係があるのかもしれない。

八丁石工は江戸時代後半の文化《ぶんか》年間（一八〇四〜一八）から登場し、緑区中尾の中尾神社灯籠、浦和区大東の大東北公園にある庚申塔《こうしんとう》など、作例を市南東部に多く残している。見沼通船堀《みぬまつうせんぼり》の舟運《しゅううん》を利用して開業した石工で、大間木の八丁を本拠としたため、その名がある。秋本氏を名乗り、兼右衛門や初五郎などがいる。

●石の流通と運搬

関東地方に多く見られる石材は、伊豆石《いずいし》、房州石《ぼうしゅういし》、七沢石《ななさわいし》、岩船石《いわふねいし》、芦野石《あしのいし》などであり、多くの石を供給した伊豆地方では、大名や商人などが開発した丁場《ちょうば》と呼ばれる石切り場があった。そこで切り出された石材は舟運によって一旦江戸の石置き場に集められ、その後石問屋、仲買といった流通過程を経て、発注者の手に渡っていったという。ここでは、江戸に集められた石材がどのようにして氷川神社まで運ばれたのか見てみたい。

当初、石問屋の所在地は江戸霊岸島《れいがんじま》（中央区新川）に限定されていたが、次第に深川や八丁堀、鉄砲洲などで営業する者が現れた。『江戸名所図会』の「三ツ《みつ》橋《はし》」や「寒橋《さむさばし》」には河岸《かし》に多くの石材が置かれた石置き場が描かれている。「三ツ橋」は現在の中央区宝町〜八丁堀周辺を指し、「寒橋」は別名明石橋で、現在の佃大橋〜勝関橋《かちどきばし》の中間付近にあった橋のことである。「神主日記」には、「与野町の石屋が来た。昨日、江戸から帰ったとのこと。石は八丁堀の松屋と交渉したようだ」とあることから、与野町の石屋が八丁堀の松屋という石問屋と交渉するために、この三ツ橋を訪れたであろうことが推測される。また、別の記事とし

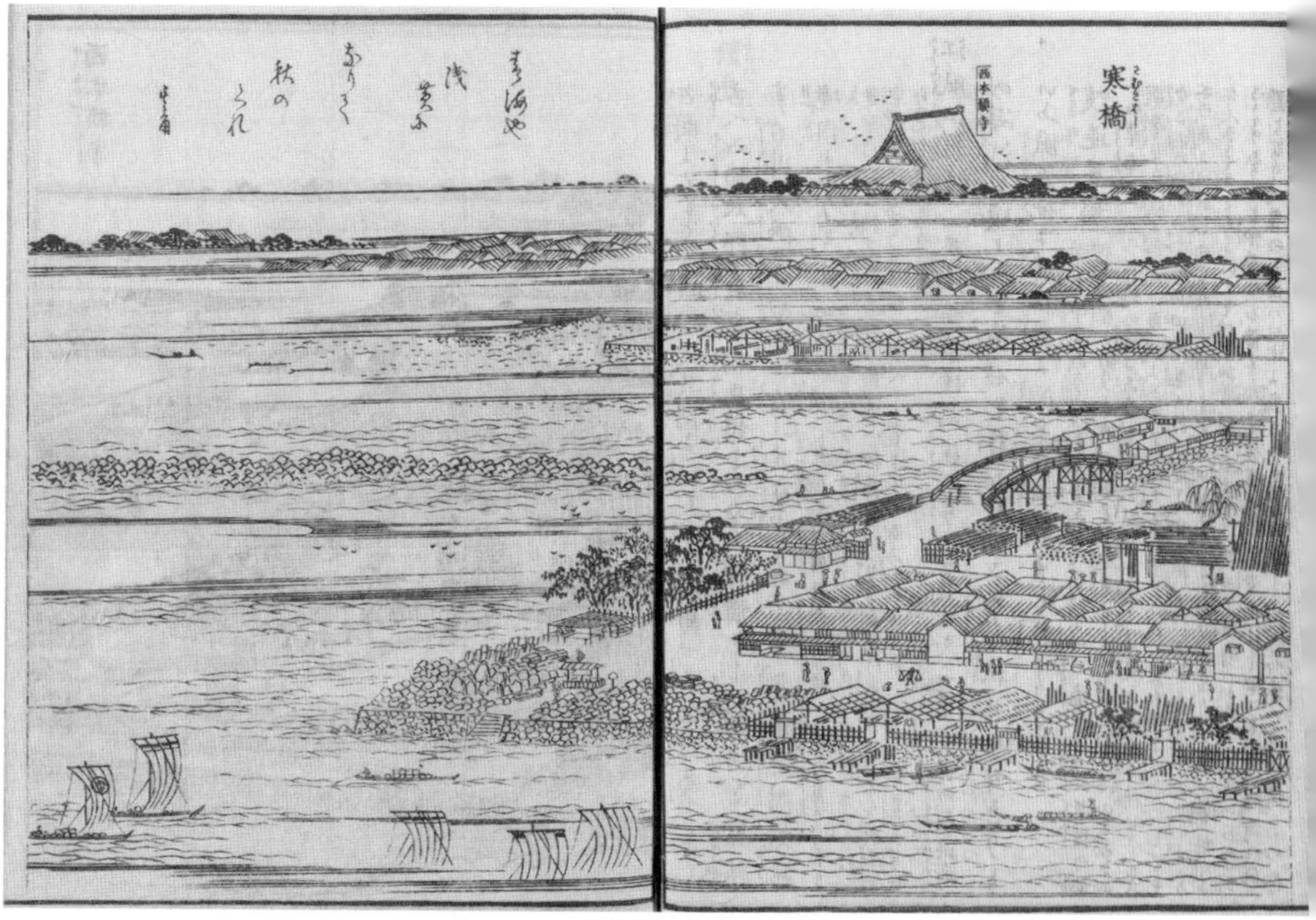

『江戸名所図会』「寒橋」

て「戸田渡場《わたしば》から石灯籠の石四つを引き取った」とも見える。年代からしてこの二つは一連のものではないにしても、石材は八丁堀などから荒川を舟運で遡り、戸田の渡し場まで運ばれていた。その先の運搬方法については記述がないが、他の例からすれば、大八車などで最終目的地まで運ばれたものと思われる。

四　参道の変遷

氷川神社では、ケヤキの非常に長い参道が続いている。多くの紀行文にも取り上げられたこの参道は、どのような変遷を遂げてきたのか、また、そこに植えられた木々は長い歴史の中でどのように変化していったのかについて纏めておこう。

●旧中山道と氷川参道

さいたま新都心駅近くの一の鳥居から、大宮駅東口の商業・住宅地域に隣接して氷川神社の三の鳥居まで続く氷川参道は、神社参道であるとともに、市街地の

旧中山道と氷川参道

中の豊かな緑地環境として、市を代表する貴重な遺産となっている。

　中山道はかつて、この氷川参道を通っていたと一般的にはいわれている。確かに、現在はさいたま新都心駅近くの一の鳥居で旧中山道と分岐するように参道が奥に延びている。そして分岐している理由として、中山道が氷川参道を通ることが「不敬」なので付け替えたためだと説明されている。しかし、もとの中山道が具体的にどこを通っていたのかには諸説あり、確定できない。

　天明《てんめい》六年（一七八六）の「当宿七組発端」という記録（『中山道浦和大宮宿文書』）には、かつての中山道の道筋が記されている。しかし、そこに出てくる地名や場所の特定ができず、正確には不明といわざるを得ない。それでも強いて現在に当てはめれば、一の鳥居から北上した場合、すぐに右折し、現在の表参道の東側の通りを北進し、料亭一の家の辺りで西に向かい、参道と交差して御手洗池の手前辺りを通過して土手宿へ出たものとも解せる。

このほか、かつての二の鳥居付近から西へ延びる道に「古ノ木曾道」と注記している境内絵図（天和《てんな》三年［一六八三］「武州一宮氷川絵図」岩井家文書）もあり、どれが正しいのかは分からないが、いずれにしても街道が大きく蛇行していたため、寛永《かんえい》五年（一六二八）に大宮の農民は関東郡代に要請して、原野を南北にまっすぐに開削し、今の中山道と大宮宿の街並みを作っている。「当宿七組発端」からは、農民側は大宮宿の街並みを西側へ移すことによる租税軽減という狙いがあったように見える。ここで大事なのは、「氷川参道を通るため不敬なので、中山道を付け替えた」という表現はまったく出てこないことである。もともと、旧中山道は現参道部分をほとんど通過していなかったのであろう。

●マツとスギの参道

さて、この参道は、江戸時代にはマツとスギが中心の並木であった。紀行文などを中心に見ていきたい。

まず、寛政《かんせい》二年（一七九〇）の氷川神社の絵図面には参道両側にマツ並木の絵が描かれ、小林一茶の『寛政三年紀行』では、「大宮といふ所に、むさしの国一の宮といふ大社有。松杉のおく十八丁とあれば、心ならずも遥拝して過る」と記されている。さらに、中山道を旅した清水徳川家《しみずとくがわけ》の家臣村尾嘉陵《むらおかりょう》はその著書『中山道大宮紀行』の中で、「左右松、杉の並木空もみへぬばかり梢生しげり」と表現している。『江戸名所図会《えどめいしょずえ》』の挿絵ではほぼマツ並木が描かれ、「並木十八町」の表記もある。これらを総合して考えれば、マツとスギが中心の約二キロメートルに及ぶ非常に長い参道であった。それらの木は基本的には参道並木として保護されていたであろうが、必要に応じて伐採され、売られたり、境内建築物の用材としても使用されたりしていたことが「神主日記」に見えている。また逆に、新たに植えることもしていた。

参道並木の状況は、明治初期の『武蔵国郡村誌《むさしのくにぐんそんし》』でも同様で、マツとスギを中心としながらも、雑木が混在するという状況であったと考えられる。

ところが、明治時代以降の絵葉書には「一ノ鳥居ヨ

「氷川参道杉並木十八丁」と記された絵葉書（スギが多い）

現在のケヤキ並木

『江戸名所図会』挿絵（ほぼマツ並木）

闇市名残の「氷川参道」（昭和 61 年）

り杉並木十八丁」などと記され、大正時代にも「昼なお暗き杉並木の間を行けば」と表現されるなど、次第にスギが優位を占める並木に変わっていったようである。そのため、昭和八年に作られた「大宮をどり」の歌詞は「並木十八丁鉾杉つづき」となっているのである。

●ケヤキ中心の参道へ

現在のような、ケヤキ中心の並木に変わったのは、戦中、戦後の資材難による伐採や車の排気ガスと振動、地下水の低下や歩行者による根元の踏み固めなどの複数の要因により、それまであった木が減っていった結果、全体の比率がケヤキを中心とするものに変化していったものと考えられる。いつ頃からケヤキ中心の並木になったのかははっきりしない。ただ、参道にあるケヤキを中心とした並木のうち、二〇本が現在、市の天然記念物として指定されているが、目の高さでの幹回りは最も太いもので六メートル、細いものでも二メートル余りあり、相当年数が経過しているものと思われる。かつて、境内に生育する樹木について推定樹齢を算出したことがあり、それによれば、ケヤキは目の高さでの幹回り二・三九メートルで一一〇年としている。それを参考にして単純計算すれば、指定されている参道並木の推定樹齢は九七年～二六七年と推定され、現在参道にあるケヤキも、大正初期から江戸時代の中頃にはそこにあったものと推測できる。推定樹齢の古いものは、江戸時代に植えられ、伐採や周囲の環境変化に耐えながらも、生き残ったものが今のケヤキなのであろう。

なお、第二次世界大戦後、大宮駅東口に集まっていた闇市やバラック街に対して、駐留軍が排除命令を出し、関係者の協議で参道の一部に移転することが決められた。その結果、その後四〇年間にわたって参道の一部が生活の場となって、長い間、参道の往時の面影は失われていたが、昭和の終わりに大宮市によって参道再生が行われ、住宅や店舗は下町の市営住宅へ移転し、跡地は平成元年に「平成ひろば」となっている。

Ⅲ　祭祀と儀式

一　大湯祭

氷川神社で最も賑わいを見せるのが十二月十日の「大湯祭《だいとうさい》」。多くの露店が所狭しと並び、深夜まで威勢のいい声が聞こえるこの祭は「十日まち」とも呼ばれて、多くの人に親しまれている。この祭の成り立ちや歴史、明治維新時の人々の戸惑いなどについて解説していきたい。

●大湯祭とはどんな祭か

大宮氷川神社の神事の中で最も有名なものが、十二月十日の大湯祭である。十一月三十日から一〇日間の前斎、十二月十日の本祭、翌日の後斎からなる一連の神事であるが、中心になるのが本祭である。いつの時代に始められたものかは不明ではあるが、室町時代の

中山神社「御火塚」

縁起（「武蔵州足立郡大宮氷川大明神縁起之書」『埼玉叢書』第六巻）によれば、毎年十二月十日には柴や薪を焼いて炉壇《ろだん》のようにし、これを踏むという祭礼を行ったという。つまり、修験道《しゅげんどう》の行者《ぎょうじゃ》が行うような火渡《ひわたり》神事が行われていたと考えられる。天和《てんな》三年（一六八三）の境内絵図には、火（簸）王子社の南東側に「火塚《ひつか》」という場所の記載があり、そこで火渡り神事を行ったのであろう。

現代の大湯祭

もともとこの火渡神事は、簸王子社《ひおうじしゃ》と位置付けられていた中山神社（見沼区中川）で行われていたものである。『新編武蔵風土記稿《しんぺんむさしふどきこう》』では、中川村氷川社（中山神社）の項で、「毎年十二月二日に、三尺のマツの木を切って四つに割き、数十本を社前に積んで、八日の日の朝から夕方までに焼き終わり、その炭を持ち帰って神前に供える」という例祭を紹介している。大宮氷川神社と極めて近い日に同様の内容の神事が行われていたようである。元禄《げんろく》十二年（一六九九）の中川村氷川神社の絵図には、「火王子」の前に「火塚」が描かれ、「祭日、十二月八日、神主火を踏むなり」（『武蔵志』）と記す記録もあるなど、中川村氷川社では江戸時代を通じて火渡神事が行われており、現在では拝殿前に「御火塚」が復元されている。いつの時代かは不明なものの、中川村氷川神社（中山神社）が大宮氷川神社に簸王子社として取り込まれる過程で、この神事も大宮氷川神社に吸収されていったものと考えるべきであろう。

当初は、修験者が行うような火渡行事を行っていたが、江戸時代の前期に氷川神社の改革を行った神主氷《ひ》川内記《かわないき》という人物によって、この行事は清祓《きよはらえ》に変えられたという。修験者が行うような行事から、仏教的要素を取り除いた純粋な神事になったということになる。

氷川内記によって新たに開始されたこの清祓の内容は不明ではあるが、江戸時代の年中行事を記した記録（「武州一宮氷川大明神年中行事古法」『大宮市史』第三巻中）に見える大湯祭の内容には「火渡」の要素は見られず、この清祓というのが大湯祭の原型と考えるべきではないだろうか。

●大湯の由来

江戸時代の大宮氷川神社には、六月十五日の橋上御幸祭や十二月十日の大湯祭などの大祭礼が五回、小祭礼が一一回あり、神事が年間で八五回もあったという。

このうち、大湯祭は十二月一日から斎戒沐浴《さいかいもくよく》して十日の祭礼に備え、七日には神前で湯立《ゆたて》し、湯花を神に供えた後、その湯を身にかけた。斎戒沐浴の行法に慎みがなければ、熱湯をかけた時に身が火傷《やけど》する。そのため、この湯を「試しの湯」とも「大湯」ともいうとする記録（「武州一宮氷川大明神年中行事古法」）がある。熱湯を体にかけることがいわば賭けであり、そのために「試しの湯」とも呼ばれたというのであろう。「大湯」とは、釜で湯を沸かし、その湯により清めを行ったことに由来するものと考えられ、現在でも多くの神社で行われている「湯立神事《ゆたてしんじ》」と共通するものがある。

「神主日記」には、十二月十日に「御祭礼」「旧例の御神事」を執行したという記事が多く見られ、江戸時代後半には行われていたことは確実である。そこには「大湯」という表現はないものの、現代でも十二月十日の本祭に供えられる百味膳を想像させる「御膳」「百膳」という記述があることから、その頃には現在と同じような神事が行われていたのであろう。

現代では大湯祭は一般に「十日まち」と呼ばれ、縁起物の熊手や植木、神棚等を売る店に交じって、多くの露店が参道沿いや神社周辺の道路に軒を並べる。その日には多くの参拝客が訪れ、参道を歩くのも困難なほどに賑わう、大宮の冬の風物詩である。

●明治維新と大湯祭

この「十日まち」、いつからこれほど賑わっていたかは不明であるが、江戸時代の中頃、享保《きょうほう》六年（一七二一）にはすでに十二月十日の市《いち》で大黒《だいこく》像や夷《えびす》像を売っている人物がいたという。

このように、大黒像や夷像の神札などが売られていた以上、それを買い求める客や参詣の人がいたはずである。「お祭のため、例年のとおり商人がやってきている」と「神主日記」にしばしば記録されていることから、江戸時代から多くの出店や参拝者があり、現代と同様の様相を呈していたことが分かる。

ところが、明治五年に新暦になると、かつての十一月二十五日が十二月十日とされ、旧暦より二週間ほど早く大湯祭が行われることになった。それによって商人や参詣者に混乱が起こり、その様子を「年中諸用日記」が克明に伝えている。例えば、神社では日付の変更を知らせる立札で事前に周知を図ったものの、その日には人は集まらなかったという。「知らなかった人々が勘違いをし、商人も例年の十分の一くらいは出ていたように見える。参詣の人数も毎年の十分の一と見請けられる」という寂しい状況だった。逆に、旧暦の大湯祭執行日には、「今日はこれまでであれば十二月十日にあたるので、遠方の人々は今日と間違えた人もいたようだ。商人も十人くらいは参り、参詣の人々も七八十人」と記録されていて、ここでも勘違いをしていることが分かる。それでも、翌年以降は神社側の努力もあって一般に知られることとなり、「立札を早くから出しておいたためか、商人や参詣の人々は去年よりも余程多い」、「大門通りが賑わい、市も立っている。商人も去年より余程たくさん出ている」とあるように、年々十二月十日には多くの参拝客や出店で賑わうようになったことが知られる。「昼後より芝居が始まり、庭中いっぱいに人が入り込んでいる」、「今日も

茅の輪潜り

狂言八ツ時頃から始まり、万事滞りなく、七時頃迄には終わった」という記事も見られ、芸能や見世物もこの頃には行われていたようである。

二　夏越の祓

夏の風物詩ともいえる、氷川神社の夏（名《な》）越《ごし》の祓《はらえ》。六月には、「茅《ち》の輪《わ》」を潜り、身の穢れを払うために多くの参詣客が訪れる。江戸時代にはこの夏越の祓はどこで行われ、神社はどのように執り行っていたのか、その実態について紹介したい。

●毎年六月晦日の夕刻「滝ノ下」において開催

江戸時代の氷川神社では、年間を通して八五回以上の神事が行われていたがここでは「神主日記」をもとに、定例的な夏越の祓の儀式について概観してみる。

大宮氷川神社では夏越の祓、名越神事などと称して、六月の晦日に大祓《おおはらえ》が行われていた。最も古い史料は、享《きょう》和《わ》三年（一八〇三）のことになる。「神主日記」の所々

「滝ノ下」（明治元年「一宮社中絵図面」部分）

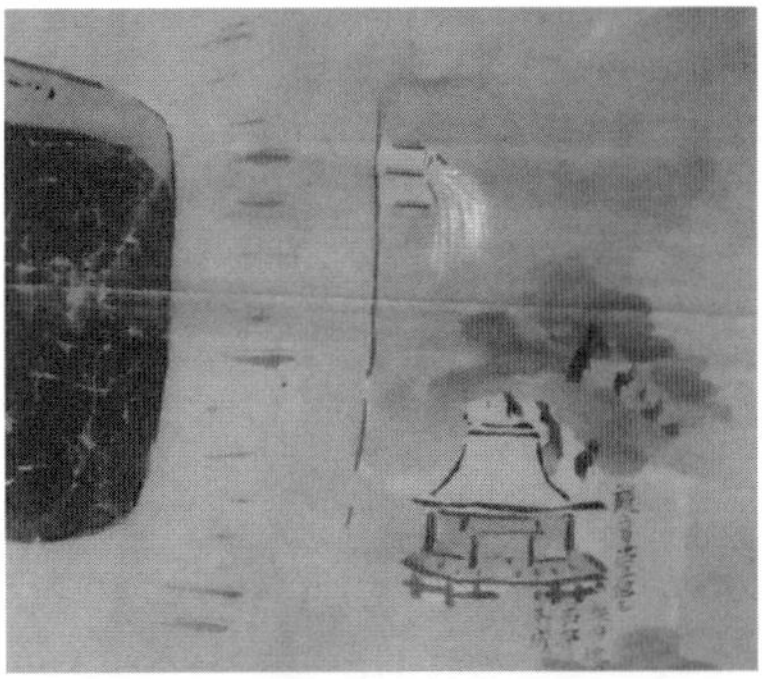

に「例年の通り」とあることから、それ以前から六月晦日の神事として行われていたことは確かであるものの、その開始時期は明らかにできない。具体的な次第は不明だが、場所は「滝ノ下」で行われている。滝ノ下とは、多くの江戸時代の絵図に描かれているが、神池から東側にあった田に流れ出る滝がかつてあり、それは簸王子社の少し南側、現在の車祓所付近の場所と思われる。

●準備から直会まで

前日くらいに、三神主家や社人が祭場の掃除を行い、茅の輪を仕立てている。大きい茅の輪のほかに、小さい茅の輪も用意され、茅の輪は年番の神主が製作している。付近には「天下泰平　国土安全　寿命長久　災難消除　夏越太祓　毎年六月晦日ここにおいて執行するもの也　当御宮役人」と書かれた予告板が掲げられた。当日は三神主が合同で神事を行ったが、祭主は月番の神主が務めた。午後五時頃祭場へ到着し、午後六時頃から開始されており、夕刻から夜の神事だったようである。用意するものの中に「ろうそく」があるのは、そのためと思われる。神事には真桑瓜《まくわうり》、神酒、米、白米などが毎年共通して供物として捧げられた。参加した神子や社家、下役人、掃除人などには祝儀が支払われているが、これらの必要経費は三神主家が負担している。その額は年によって違うが、一家当たり一貫文前後の支出であった。年番の神主は供物など必要なものをすべて負担する必要があったらしく、「昼飯夕飯

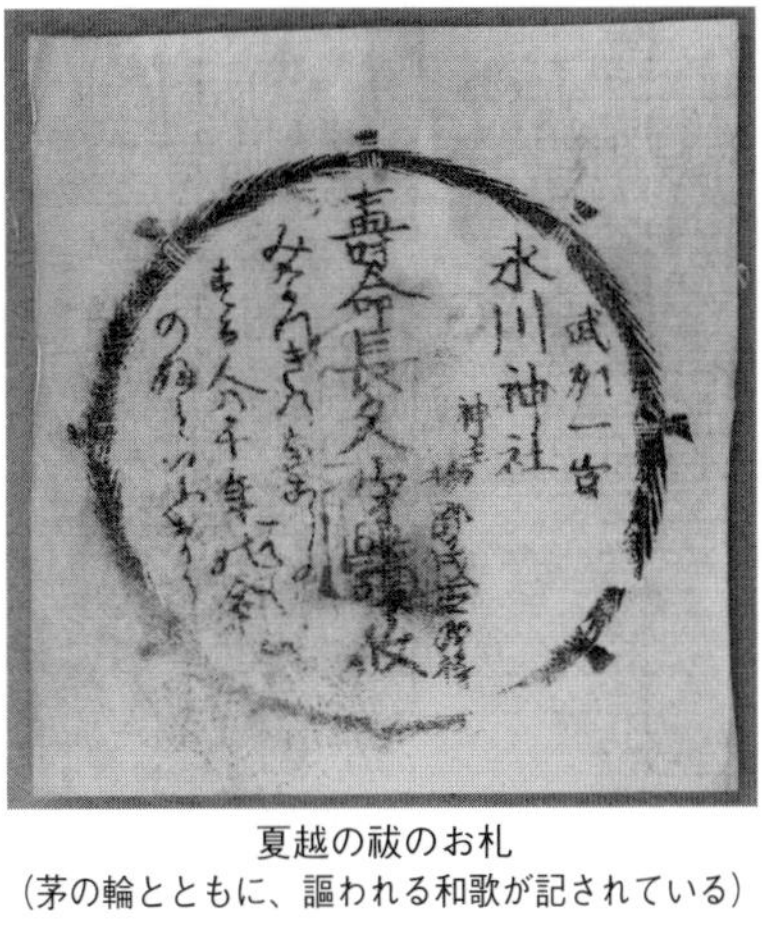

夏越の祓のお札
（茅の輪とともに、謳われる和歌が記されている）

酒肴賄一同にて拾三人分、もっとも吸物は出し申さず候」とあることから、直会《なおらい》の飲食の負担もあったようである。この時は、「一同にて拾三人」が神事の関係者だったということになるのであろう。

三　雨乞

今ではほとんど行われない雨乞《あまごい》の儀式が、江戸時代の氷川神社では行われていた。そこで行われていた「雨乞」儀式とはどのようなものだったのか、人々はどのように雨乞をしていたのかについて、「神主日記」をもとに探っていきたい。

●夕方に行われた雨乞の神事

江戸時代の「神主日記」や明治時代の「年中諸用日記」を見ていくと、しばしば雨乞の儀式が行われた記事が見られる。農業が主な生活基盤であった江戸時代や明治時代は、旱魃《かんばつ》や長雨などの天候不順は生活に直結する大きな問題であった。農民たちはいろいろな手段で神に祈り、穏やかな天候を願った。祈る神はどこでもよく、通常は地元の神社であったようである。大宮氷川神社で雨乞を行った村は、地元の村（大宮宿、大成、土呂、本郷、天沼、北袋、加茂宮）や新開村、西堀村、吉野原村、南部領の村など近隣の村が多かったが、遠い村では江戸の上高田村、板橋の中丸村、本庄宿などの村名も見える。祈禱の依頼は数日前に神社にもたらされ、依頼した村々は　三日間、五日間、七日間という祈禱の間、神社に常駐するのではなく中日や最終日などに村人一同が参詣したようである。

雨乞は、夏場だけではなく正月や二月にも行われている。「神主日記」に「御宮御戸開」「御三社御戸開」としばしば見えることから、その時には各本殿の扉が開け放たれたものと思われる。雨乞にかかる経費としては、一両、五両一分余りなどと規模の大小や依頼した村数の多少によって差があったようであるが、終了後、報酬として神主や社僧観音寺など関係者に分配されている。行われた時間は「七ツ時頃」(午後五時前後)とされ、夕方に行われたことが分かる。

●神池の水を掻い出す雨乞

「神主日記」に「今日雨乞のために池さらい」、「雨乞の御祈禱今日にて満願につき（略）御池右の方堀割さらい致す」などと記されている。このように、大宮氷川神社での雨乞祈禱では、「御池の水のかいほし」が重要な要素となっていたことが分かる。「かいほし」とは「掻い干し」のことと考えられ、氷川神社の神池の水を掻い出すことが行われていたのである。そして、「明日小桶持参にて銘々一人ずつ差し出すべき」ともあることにより、神池の水の「かいほし」は、小桶で各人が行っていたことが判明する。そこではあたかも、手桶で風呂の水を掻き混ぜたり、掻い出したりするような光景が見られたのであろう。

この、手桶で風呂の水を掻き混ぜるような仕草は、日本各地の雨乞儀礼の一つである「水かえ神事」「水のかきまわし」と共通している。桜区身形神社《みのかたじんじゃ》所蔵の雨乞絵馬でも、裸の多数の男たちが大きな盥《たらい》のようなものを取り囲んで、拝んだり、手で水をかき回したり、柄杓《ひしゃく》を手に持っている様子がはっきりと描かれてい

雨乞絵馬（身形神社）

る。「かき回す」、「掻《か》き出す」、「池の水を浚《さら》う」といった方法は、神社だけではなく、村の一般庶民も行っていた方法であった。

一般に関東では、池の水を浚うという方法以外にも、群馬県板倉町の雷電神社の神水を竹筒に入れて、途中止まることなく走り続け、地元の村の田畑に撒くという雨乞の儀式があるが、大宮氷川神社でも行われていた。吉野原村の雨乞に際して、池の水を竹筒二本に入れて渡すという記録があることから、雷電神社のように神水ではなく、大宮氷川神社の神池の水を竹筒に入れて持たせることもあったようである。

●一ケ月雨が降らないと限界

それでは、農民たちはどれだけの期間雨が降らないと、雨乞を神社に依頼していたのであろうか。「年中諸用日記」をもとに見ていくと、明治六年八月に七ケ村の農民は雨乞祈禱を依頼するため大挙して参詣したが、この日は快晴、前日には雲が出て、雨が少し降ったがすぐに止んだ状態で、基本的には「快晴」だった。その前日もほぼ同様だった。遡ること二六日間、七月中旬までは雲が出たことはあっても、まったく雨が降ることはなかった。つまり、約一ケ月間まとまった降雨がなく、藁《わら》にもすがる思いで雨乞祈願となったというのである。

一方、明治九年八月の雨乞祈願でも、七月二十日に快晴で、時々少しだけ雨が降った以外は、七月八日に降雨があったのを最後にほぼ一ケ月降雨がない状態であった。このように、農民にとっては夏であれば、ほぼ一ケ月というのが我慢の限界だったようである。

なお、雨乞だけではなく、長雨に対する止《し》雨《う》祈願も行われている。慶応《けいおう》四年（一八六八）五月には、四〇日間雨が続いたために照乞《てるごい》祈願を行ったことが知られ、赤鳥居の所に「天下泰平五穀豊穣　雨止めを祈り奉る御祈禱を　当月廿日より廿六日迄執行するもの也　五月日　当御宮　役人」（「神主日記」）と書かれた立て札が立てられたと伝えている。赤鳥居とは、今の三の鳥居の場所にあった鳥居と思われる。

第二部

氷川女體神社

Ⅰ　氷川女體神社の歴史

一　神社の創建と見沼

今でこそ「見沼」と書くが、かつては「御沼《みぬま》」であった。いつの時代も、氷川女體神社はその「見沼」とともにあった。当然、神社の成立も「見沼」と切り離すことはできない。そんな「見沼」と氷川女體神社との関わりについて、触れてみたい。

●まず神社の創建から

氷川女體神社の創建は、社伝では第一〇代崇神天皇《すじんてんのう》の御代のことというが、他の多くの神社と同様に、正確なところは不明といわざるを得ない。江戸時代の中頃に書かれたという『武州一宮女躰宮御由緒書』（『浦和市史』近世資料編Ⅳ）では崇神天皇の御代の創建としており、社伝はこれに拠っていると考えられる。た

神社鳥居

だ、信憑性や具体性に乏しく、『新編武蔵風土記稿《しんぺんむさしふどきこう》』『江戸名所図会《えどめいしょずえ》』といった江戸時代の記録類でも、その創建年代については触れていない。つまり、信用できる資料での神社の創建はまったく不明といわざるを得ない。

　しかしながら、『新抄格勅符抄《しんしょうきゃくちょくふしょう》』や『日本三代実録《にほんさんだいじつろく》』といった信頼できる古代の史料には武蔵国に「氷川神」が登場しているし、平安時代の『延喜式《えんぎしき》』神《じん》名帳《みょうちょう》の武蔵国足立郡の条に氷川神社が記載されており、その記載方法からは、祭神は一座（＝一神）だったと考えられる。そのことは、平安時代にすでに氷川神社が存在し、中央政府から官社と認められていたことを示している。その氷川神社とはどこなのか、大宮氷川神社なのか、氷川女體神社なのか、はたまた別の神社なのかは不明である。ただ、一般的に考えて、一座である以上、信州の諏訪神社のように、上社・下社などと同格で複数が並存していたとは考えられない。とすれば、氷川神社の祭神は当初は一神であり、複数の神社で一つの氷川神社を形作っていたものではな

神社境内

く、一つの神社が氷川神社と呼ばれていたはずである。当初、氷川神社は一つであったわけであるが、一方で、見沼の周辺には氷川神社と氷川女體神社という古い歴史を伝える二つの氷川神社が存在しているのも事実である。しかしながら、氷川女體神社は後に述べるように、中世までは単に「女体宮」などと呼ばれていて「氷川」との関係を見出すことができない。従って、氷川女體神社の創建を、その立地する「見沼」との関係から考えてみることにしよう。

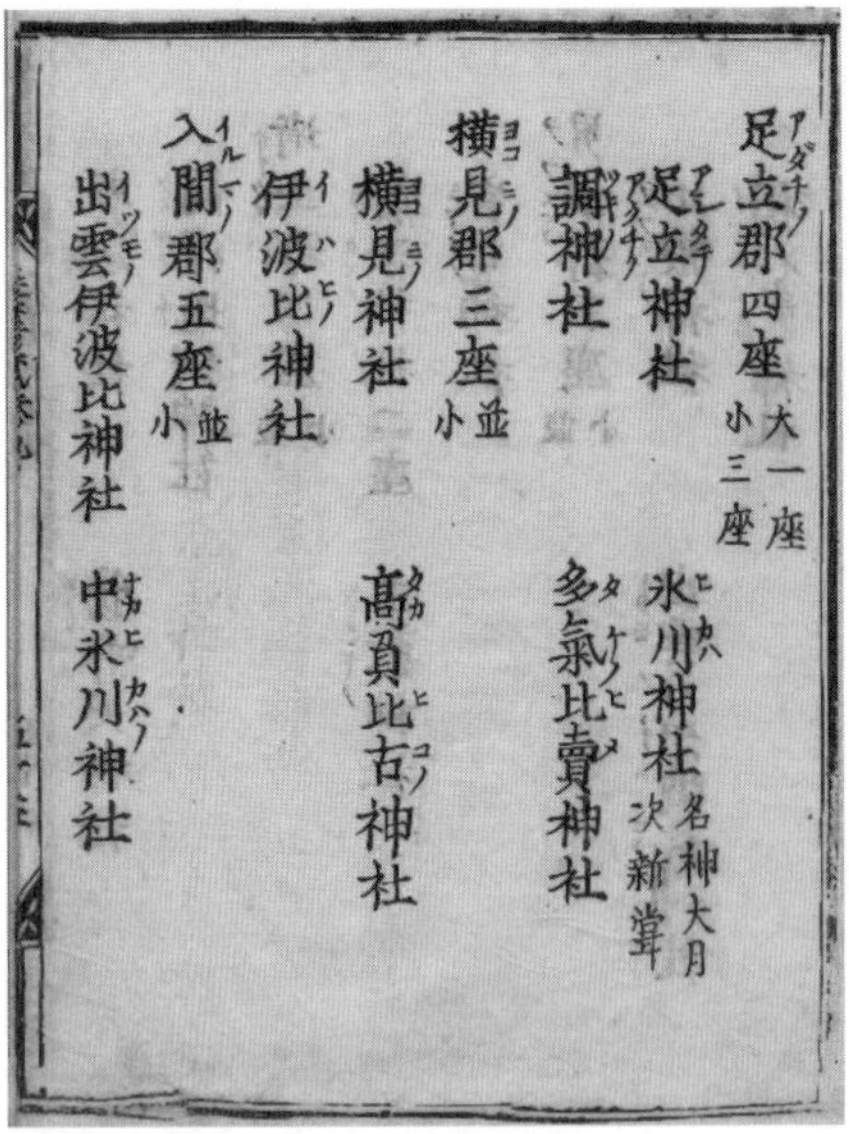
足立郡 四座 大一座 小三座
足立神社　氷川神社 名神大 月次新嘗
調神社　多氣比賣神社
横見郡 三座 並小
横見神社　高負比古神社
伊波比神社
入間郡 五座 並小
出雲伊波比神社　中氷川神社

『延喜式』神名帳

●「三室」と「御室」

さいたま市緑区宮本、これが現在の氷川女體神社の所在地である。かつては「三室」という名前で呼ばれていた地である。「三室」＝三諸《みむろ》(御室)であろうし、「宮本」は神社の根本の地という意味である。「三諸」(御室)という地名は各地にあり、三諸山としては大神神社《おおみわじんじゃ》(奈良県桜井市)の神体山である「三輪山《みわやま》」が名高い。また、『万葉集』には「三諸」が多く登場し、「三諸の神の帯ばせる泊瀬川《はつせがわ》」(巻九―一七七〇)などとあるように、古代では三諸といえばすなわち「神」であった。「三室」はその三諸(御室)が転化した地名と解するのが妥当であろう。事実、南北朝時代から室町時代にかけて書写された氷川女體神社蔵の大般若波羅蜜多経《だいはんにゃはらみったきょう》には「御《お》室女躰《むろにょたい》」といった表記が随所に見られ、古くは「三室」ではなく「御室」であった。

そんな三室の地の「見沼」のほとりにあるのが氷川女體神社で、「見沼」ももともとは神社の御手洗瀬《みたらせ》ともいうべき「御沼」であった。この沼があったからこそ、氷川女體神社の発生があったはずで、神社とこの沼と

三輪山（桜井市）

は切っても切れない関係にある。三諸山（三輪山）の神を祀る場所が大神神社であったのと同様に、見沼（御沼）に関わる神を祀る場所が氷川女體神社だったのかもしれない。

●見沼とともにある神社

永い神社の歴史を見ていくと、この神社と見沼はいつの時代もともにあった。時代は下るが、江戸幕府が正保《しょうほう》元年（一六四四）に作成を命じた全国の国絵図の一つと思われる「武蔵国絵図《むさしのくにえず》」には、干拓される前の見沼が描かれ、かたわらに社殿の絵とともに氷川女體神社を表す「女躰権現《にょたいごんげん》」という文字が記されている。大宮氷川神社に関してはまったく絵も文字もないのにも関わらずである。『新編武蔵風土記稿』に載せる足立郡を描いた絵も同様で、「三沼」の辺に描かれるのは「女體権現」のみであった。江戸時代においても、氷川女體神社は見沼とともにあったのである。

そこで、この神社の創立を考える時に参考となるのが、関東地方に多く存在する「女体社」の性格である。

二　関東地方の「女体社」

「女体神社」という一風変わった名前の神社が関東地方には多く存在する。これらの神社の所在地を確認していくと、いずれも川などに沿って鎮座していることが知られる。その理由とともに、氷川女體神社の成り立ちについて迫ってみたい。

●各地の女体神社

全国にある数多くの神社の内、「女体」の付く神社が多く存在する。明治時代に行われた神社の合祀や社名の改称などによって、今ではその存在が忘れ去られてしまったものもあるが、その分布を調べていくと、全国的ではなくて、関東や四国に集中していることが判明する。

関東地方における女体社の分布について調べた牛山佳幸氏によれば、これらの「女体社」の立地条件や周辺の環境には著しい特徴があり、それは大部分が河川や用水に沿って鎮座することだという。そしてそれらは、「旧利根川水系の女体社群」「見沼周辺部の女体社群」「多摩川水系の女体社群」という三つのグループに分けられるという。『新編武蔵風土記稿』に見える「女体神社」の所在地と現状とを纏めると左の表のようになる。

この三つのグループの内、最も時代的に早く成立したのは「見沼周辺部の女体社群」で、その中心になるのが宮本の氷川女體神社（表のNo.16）である。その創建年代は不明ながらも、根本の祭祀である御船祭《みふねまつり》が古代には行われていた可能性が考えられ、氷川女體神社の創建は非常に古いといえる。そして、その影響下で内野村（表のNo.17）や附島の女体社（表のNo.18）が成立したと考えてよいのであろう。この三社は同時に成立したわけではないが、グループ単位としては三つのグループの内で最も早くできたグループになる。

●氷川女體神社の性格

そこで、宮本の氷川女體神社の性格について考えてみたい。氷川女體神社の根本の祭祀は、見沼での御船

No.	所在地	社名	現状
1	葛飾郡彦野村	女體権現社	三郷市彦野　女体神社
2	葛飾郡彦糸村	女體権現社	三郷市彦糸　女体神社
3	葛飾郡采女新田	女體権現社	三郷市采女　女体神社
4	葛飾郡樋ノ口村	女體権現社	松戸市樋野口　女体神社
5	葛飾郡川藤村	女體社	吉川市川藤の武輝神社に合祀
6	葛飾郡上内川村	女體権現社（四社あり）	吉川市上内川の内川神社に合祀
7	葛飾郡下内川村	如體権現社（五社あり）	吉川市下内川の大岩神社に合祀
8	葛飾郡牛島村	女體社	春日部市牛島　女体神社
9	荏原郡嶺村	女體権現社	大田区東嶺町　白山神社と改称
10	橘樹郡馬絹村	女體権現社	川崎市高津区馬絹　馬絹神社と改称
11	橘樹郡南河原村	女體権現社	川崎市幸区幸町　女体神社
12	橘樹郡南河原村	女體権現社	合祀先不明
13	橘樹郡戸手村	女體権現社	川崎市幸区紺屋町　女体神社
14	久良岐郡富岡村	女體権現社	合祀先不明
15	足立郡中曽根村	女體社	草加市中根町　女体神社
16	足立郡三室村	女體社	さいたま市緑区宮本　氷川女體神社
17	足立郡内野村	女體権現社	合祀先不明
18	足立郡大間木村	女體権現社	さいたま市緑区大間木字附島　氷川女体神社
19	埼玉郡麦塚村	女體権現社	越谷市川柳町　女体神社
20	埼玉郡柿木村	女體社	草加市柿木町　女体神社
21	埼玉郡平方村	女體社	越谷市平方　女帝神社
22	埼玉郡梅田村	女體社	春日部市梅田　女体神社
23	埼玉郡船越村	女體社	加須市船越　如体神社
24	埼玉郡芋茎村	女體社	加須市芋茎　女体神社
25	埼玉郡江面村	女體権現社	久喜市江面の久伊豆神社に合祀
26	埼玉郡上内村	女體権現社	久喜市鷲宮の鷲宮神社に合祀
27	埼玉郡袋村	女體社	鴻巣市袋　袋神社と改称

関東地方の女体社一覧（牛山佳幸『【小さき社】の列島史』所収の表を一部改変）

祭であったと考えられる。そうであれば、神社の本質もそこにあったと考えるべきで、それは船による「神」の渡御《とぎょ》といえる。「神」が乗船して航行しているのである。船に神がおわすこと、つまり船上で船の神である船玉神《ふなだましん》を祀る例は古くからあり、この御船祭も船の航行の安全などを願うために、船上で船玉神を祀ったのが始まりなのではないだろうか。そして、そこに宿る船玉神の神格は、一般的には「女神」なのである。

このことから、関東地方の女体社群の中で成立が最も早いと思われる宮本の氷川女體神社は、もともと見沼を移動する船人が船上で祀っていた「女神」である船玉を、見沼の岸辺にも祀ったものと考えられるのではないだろうか。

県内の縄文時代の複数の遺跡から丸木舟《まるきぶね》が出土しており、縄文人たちが盛んに丸木舟を使用していたことが分かる。縄文人は丸木舟を使って見沼を移動していたのであろう。見沼が、外洋のように荒れる海ではなく、まさに「沼」という表現が適切だったにせよ、縄文人の船に対する祈りが、氷川女體神社の創建に繋がってくるのではないだろうか。破片ではあるが、氷川女體神社の根本祭祀である御船祭の祭場、四本竹遺跡《しほんだけいせき》でも丸木舟が発見されており、氷川女體神社と船が密接な関係にあった可能性を示している。

No.	出土遺跡	所　在　地	出土数
1	南鴻沼遺跡	さいたま市中央区大戸	4
2	膝子遺跡	さいたま市見沼区大字膝子	13
3	伊奈氏屋敷跡	北足立郡伊奈町小室	3
4	四本竹遺跡	さいたま市緑区大字下山口新田	1
5	大道東遺跡	さいたま市緑区大字三室	1
6	寿能遺跡	さいたま市北区寿能町 2 丁目	1
7	大木戸遺跡	さいたま市西区指扇	2
8	赤山陣屋跡遺跡	川口市	1
9	蒲生新田	草加市	1
10	文化会館	戸田市	1
11	蓮沼遺跡	川越市	1

埼玉県内の丸木舟出土遺跡

縄文時代と思われる県内での丸木舟出土例（『南鴻沼遺跡（第三分冊）』さいたま市遺跡調査会報告書第 177 集所収の一覧表を一部改変）

●見沼を向いている神社

通常であれば社殿や鳥居は拝む人の方を向く。村の鎮守《ちんじゅ》であれば、村人を守るために村人の住む集落を向いている。もし、台地上に住んで農業を営む人々が、農耕に必要な水の恵みを得られる場所として見沼を捉え、氷川女體神社を創祀《そうし》・崇拝したのであれば、氷川女體神社の社殿や鳥居は人々の住む台地を向かなくては意味がない。ところが、社殿や鳥居は見沼を向いており、矛盾が生じる。長い時間経過の中で、いつしか拝む対象が忘れられ、それとともに社殿や鳥居の向きが一八〇度変わってしまったのであろうか。むしろ、見沼側から神社を拝むというのが古くからの姿であったために、社殿や鳥居は見沼を向いていると考えた方が理にかなっているはずである。農耕の水源として見沼を神聖視した人々が、この神社を崇拝したことはあったであろうが、神社創立の根本はそうではなく、ここで生活した人たちが船玉神を船に祀るとともに、台地上にも祀り、精神的な拠り所としていたのではないだろうか。だからこそ、少なくても氷川女體神社は

見沼を向く鳥居

見沼から拝みやすい台地の縁に、見沼を見下ろす形で鎮座していると考えたい。

三　三鱗紋兵庫鎖太刀と北条氏

兵庫鎖《ひょうごくさり》太刀《たち》と呼ばれる太刀が、鎌倉時代に奉納されている。全国の有名な神社ばかりに奉納されたこの太刀は国宝などに指定されているものが多く、豪華なものばかりである。氷川女體神社にも奉納されたこの太刀を探っていくと、この神社がどれほど崇敬されていたかが分かるのである。

●全国の兵庫鎖太刀

社宝として、三鱗紋《みつうろこもん》兵庫鎖太刀と呼ばれる長さ九〇センチほどの一振りの太刀がある。太刀の帯執《おびとり》の部分を、針金を曲げて輪を作り、それをつなげて鎖のようにしている太刀を一般に「兵庫鎖太刀」「兵具鎖太刀」と呼んでいる。この太刀は帯執の部分だけではなく、鞘《さや》にも装飾が施され、豪華であった。そのため、儀式用として平安時代から貴族に珍重されていたが、豪華すぎて鎌倉時代には実際に身に着けることが禁止され、もっぱら寺社への奉納用として造られたという。これまで、全国で二三例確認されており、その全てが国宝、重要文化財、県指定文化財のいずれかに指定されている。

●北条氏の家紋「三鱗紋」

二三例も存在する「兵庫鎖太刀」のうちの一例が、氷川女體神社所蔵の太刀である。熱田神宮や春日大社など全国屈指の有名神社とともに、氷川女體神社にも奉納されているのである。しかも、氷川女體神社、厳島神社、三島大社所蔵の四例（左の表中の色付き）だけが、三つの三角形を重ねたような「三鱗紋」が施されている。三鱗紋とは鎌倉幕府執権北条氏の家紋で、三鱗紋が施される太刀を所有する三島大社は、北条政子が高蒔絵《たかまきえ》の技法を駆使した「梅蒔絵手箱」（国宝）を奉納したといわれるほか、厳島神社を三島大社に分祀したと伝わる。夫源頼朝も篤い崇敬を寄せ、重ねて

No.	指定	名　称	所蔵者
1	重	沃懸地松鶴文太刀	栃木・二荒山神社
2	重	鶴丸文兵庫鎖太刀	愛知・熱田神宮
3	国	金装花押散兵庫鎖太刀	奈良・春日神社
4	重	沃懸地松鶴平文兵庫鎖太刀	奈良・談山神社
5	国	沃懸地酢漿文兵庫鎖太刀	奈良・春日神社
6	国	沃懸地酢漿平文兵庫鎖太刀	奈良・春日大社
7	重	芦手絵兵庫鎖太刀	和歌山・丹生都比売神社
8	重	獅子造兵庫鎖太刀	和歌山・丹生都比売神社
9	重	獅子牡丹造兵庫鎖太刀	和歌山・丹生都比売神社
10	重	獅子牡丹文兵庫鎖太刀	和歌山・丹生都比売神社
11	重	松鶴文兵庫鎖太刀	広島・厳島神社
12	重	松鶴文兵庫鎖太刀	広島・厳島神社
13	重	獅子牡丹造兵庫鎖太刀	広島・厳島神社
14	重	牡丹文兵庫鎖太刀	広島・厳島神社
15	重	牡丹文兵庫鎖太刀	広島・厳島神社
16	重	三鱗紋兵庫鎖太刀	東京・東京国立博物館 (三島大社伝来) ※北条太刀
17	国	沃懸地群鳥文兵庫鎖太刀	東京・東京国立博物館 (三島大社伝来) ※上杉太刀
18	県	三鱗紋兵庫鎖太刀	埼玉・氷川女體神社
19	重	松藤文兵庫鎖太刀	京都・高津義家
20	重	牡丹文兵庫鎖太刀	島根・須佐神社
21	国	牡丹文兵庫鎖太刀	愛媛・大山祇神社
22	重	金銅柏文兵庫鎖太刀	奈良・春日大社
23	重	金銅蛭巻兵庫鎖太刀	栃木・二荒山神社

全国の兵庫鎖太刀の作例

原田一敏「「兵具鎰太刀」について」を一部改変（指定欄の国は国宝、重は重要文化財、県は県指定文化財）

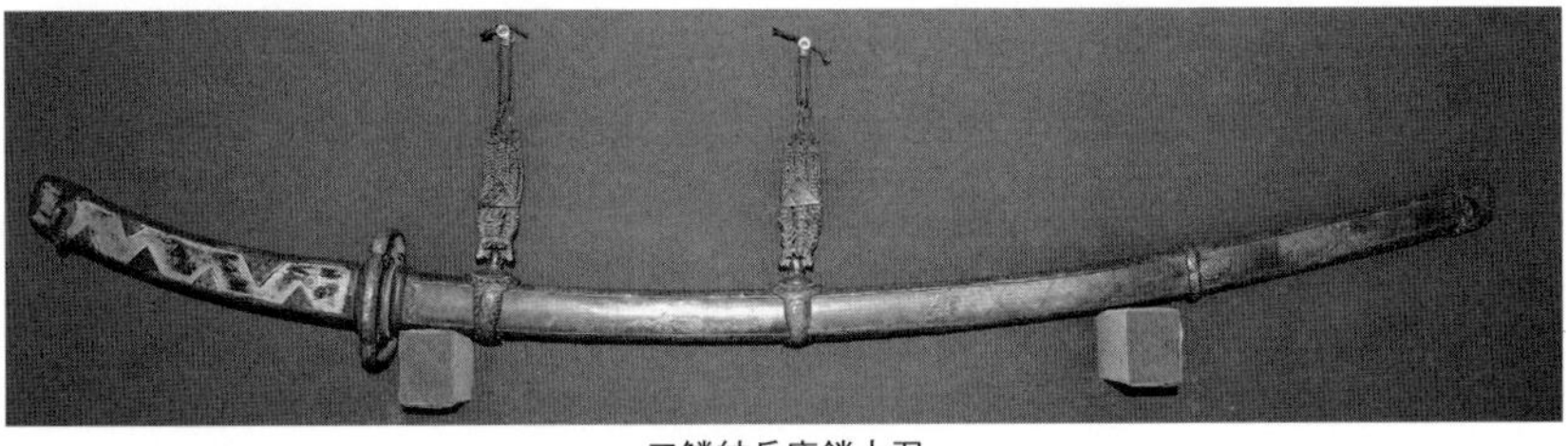

三鱗紋兵庫鎖太刀

戦勝祈願と社領寄進を行っており、源氏や北条氏は三島大社や厳島神社を深く崇敬していたことが分かる。そんな三島大社や厳島神社に匹敵するほどの崇敬を当時の氷川女體神社は受けていたことになる。その背景には政治上や軍事上の思惑も指摘されるが、詳細は不明である。

三鱗紋兵庫鎖太刀（部分）

柄《つか》だけではなく、多くの場所が装飾されていることなど他に見られない珍しい例で、鎌倉時代末期の作だろうといわれているが、社伝では、鎌倉幕府三代執権北条泰時《ほうじょうやすとき》の奉納と伝えている。

四　氷川女體神社と大般若波羅蜜多経

南北朝時代から戦国時代に写経された膨大な量のお経が、神社に伝わっている。その名を大般若波羅蜜多《だいはんにゃはらみった》経《きょう》という。人々は何のために書写し、このお経から何が分かるのか。その成り立ちについて検討したい。

●大般若波羅蜜多経とは

氷川女體神社がはっきりと歴史の表舞台に登場するのは、南北朝時代になってからである。氷川女體神社の社僧《しゃそう》であった文殊寺《もんじゅじ》の大般若波羅蜜多経（以下、「大般若経」と略）がある目的をもって書写されることとなる。以下、その成立などについて見ていきたい。

大般若経は六〇〇巻もある膨大なお経で、『西遊記』で知られる唐の僧玄奘三蔵《げんじょうさんぞう》がインドから伝えて訳したものである。これを読んだり、書写したりすることによって、招福除災が得られるといわれている。その大般若経が書写されて、氷川女體神社にも伝えられている（『浦和市史』古代中世資料編Ⅰに掲載）。各巻の末尾に記された書写年代は大きく二つに分けられ、南北朝時代と戦国時代の天文《てんぶん》年間（一五三二～五五）・弘治《こうじ》年間（一五五五～五八）・永《えい》禄《ろく》年間（一五五八～七〇）に集中している。したがって、現在残る大般若経は同時に書写されたものではなく、南北朝時代と戦国時代とに別々に書写されるなどして成立したものと考えられる。

そこで、南北朝時代と戦国時代に分けてその成立過程を見てみよう。

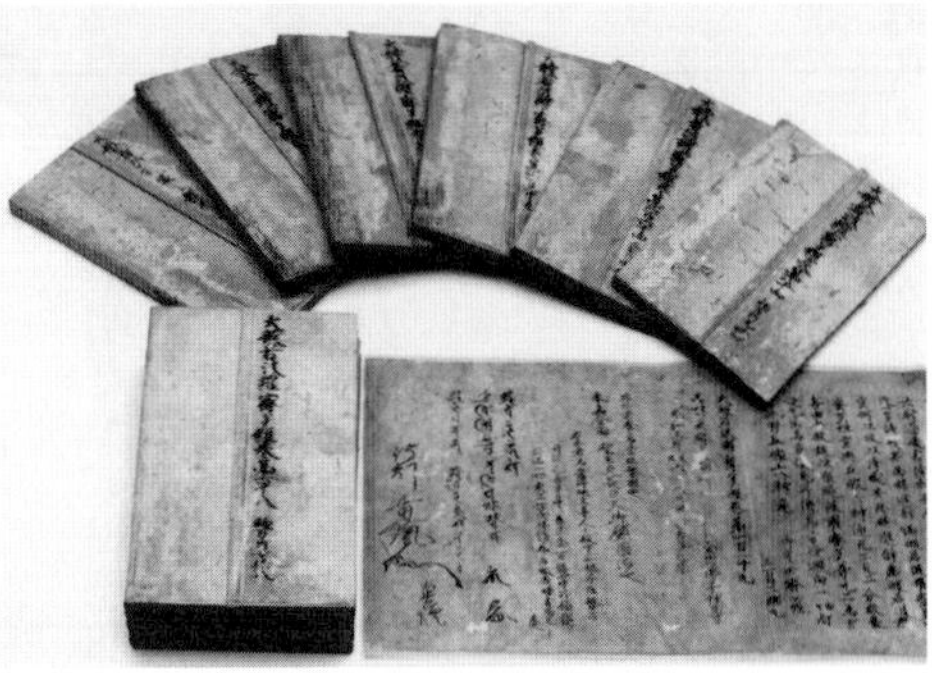

大般若経全体

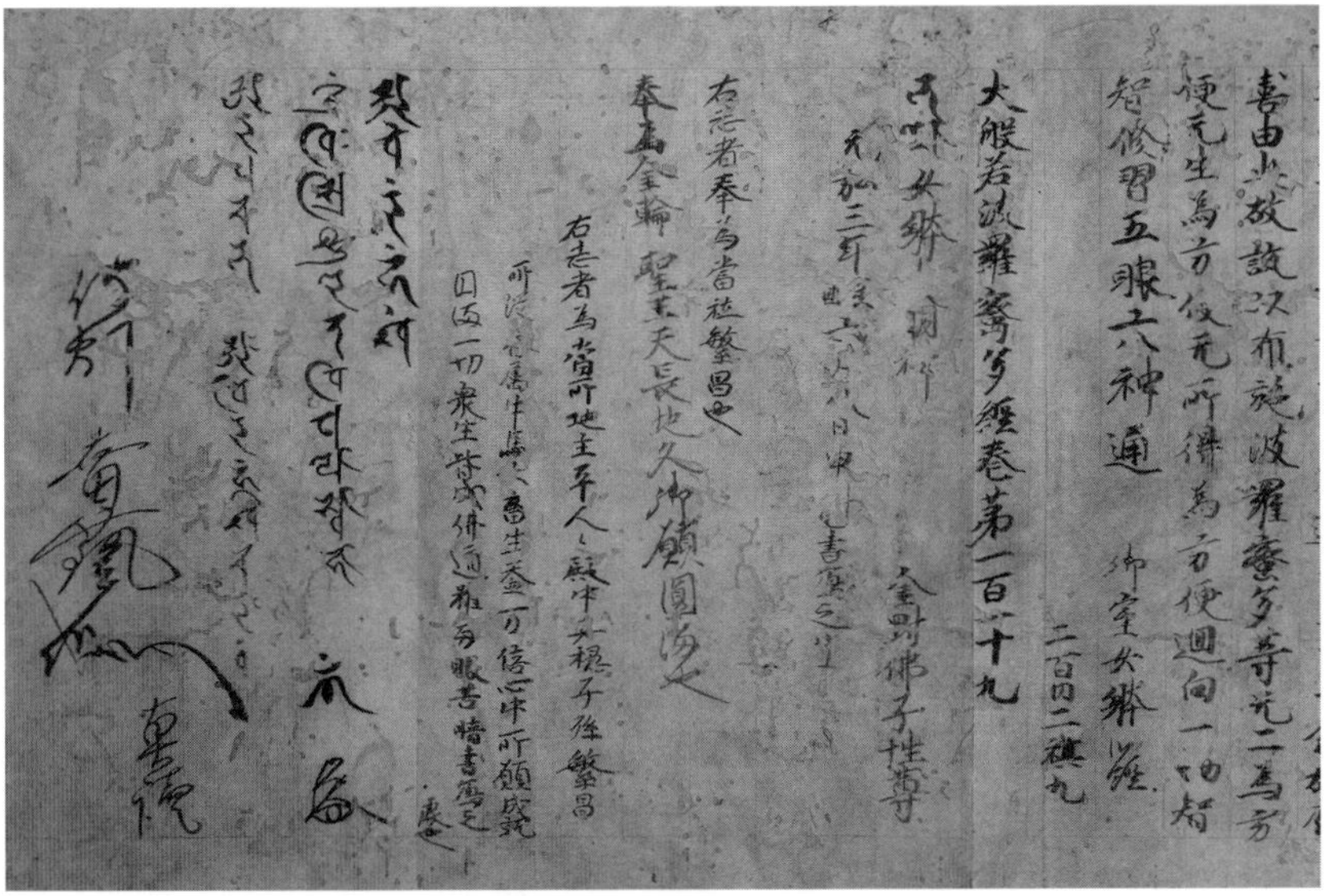

大般若経巻 119（元弘３年６月８日）

●南北朝時代の書写

南北朝時代、この大般若経を書写したのは僧性尊《しょうそん》という人物である。性尊の名は、ただ単に「性尊」とのみ記す以外にも、「仏師性尊」、「金剛仏師性尊」、「金剛賢性尊」と見える。この性尊の名があり、かつ書写した年が明らかな巻は全部で六巻あり、南北朝時代の正慶《しょうきょう》二年（一三三三）から暦応《りゃくおう》元年（一三三八）に及んでいる。このほか、性尊の名は見えないものの、書写年の近いものとして、建武《けんむ》二年（一三三五）と暦応二年の二巻がある。性尊の出自は不明だが、川越仙波無量寿寺《むりょうじゅじ》の僧だったといわれている。さらに、同じ時期の書写として、「叡尊」の名が記される巻もある。

性尊書写のものは巻四〇一以降には見られない。本来、書写の目的は全六〇〇巻を書写することによって得られる功徳《くどく》であることから、当初から、巻一より巻四〇〇までのみを対象としていたとすることは非合理である。現在、種類の違う経櫃《きょうびつ》（経文を入れておく箱）が計三つあり、一つの経櫃には二〇〇巻ずつ納められていることから、いつの時代かは分からないものの、何らかの理由により最後の二〇〇巻が経櫃ごと失われてしまったと考えるべきかもしれない。

では、性尊がこの大般若経を書写した目的は何だったのであろうか。この点については、大般若経の奥書に多く記されており、川越に本拠を置いてこの地を支配していた河越《かわごえ》氏の安穏《あんのん》と氷川女體神社の繁栄、天下安定を祈願してのものだったといわれている。しかしながら、そこに登場してくる「平重遠《たいらのしげとお》」や「平泰重《たいらのやすしげ》」という人物に注目して、河越氏とは関係なく、氷川女體神社の所在する三室を支配していた鎌倉幕府の執権である北条氏が、倒幕のために当時挙兵していた足利氏や新田氏に脅威を感じ、一族の安穏や勝利を祈念して書写させたものという見解もある。

したがって、南北朝時代の書写は、川越の寺院に所属していた性尊という僧が、だれを指しているかは不明ではあるものの、当地を支配していた武士の繁栄などを願って書写したもので、それには一部叡尊といった僧も関わっていたものと考えられる。

●戦国時代の書写

戦国時代の天文《てんぶん》年間に書写されたものとして、天文二十三年（一五五四）書写の巻六や巻一四〇など計九巻に「仙波玉林坊《ぎょくりんぼう》法印良藝《りょうげい》」などと記されている。また、巻二〇二や巻二一六には良藝の名前が見えないが、天文二十二年、二十三年という年が記載されている。これらも川越仙波の玉林坊の良藝という僧が関わっていたとすれば、この時の書写は、天文二十二年から二十三年にかけてということとなる。これらの巻はかつて南北朝時代に性尊が書写しているはずではあるが、ここで再び良藝が書写しているということは、性尊の南北朝時代の書写から二〇〇年経過し、その間に欠損してしまった巻があったようで、それを良藝が中心となって補充したものといえる。

ところで、この時、「悪筆少将」「澄栄」「大牧右京」といった人物が書写に参加しているが、これらの人物の書写能力は散々だったようで、「損落文字《そんらくもじ》計也《ばかりなり》」（巻一四〇）などと後人から悪評を受けている。大般若経に不慣れな若い僧たちだったのかもしれない。

年代的に、次にまとまっているのが、弘治《こうじ》年間の書写である。弘治二年（一五五六）から四年に書写されているものが、一四巻ある。「本願仙波玉林坊」「良藝」という名前が見え、中心となったのは天文年間と同様に川越仙波玉林坊の僧良藝であった。

この時の書写で筆者名の分かるのは「帙清」で、弘治三年段階で二一歳という若さだったという。「帙清」を名指ししたわけではないが、この時も、後人から「散々皆損字《さんざんにみなそんじ》計也《ばかりなり》」（巻五〇六）という悲惨な評価を受けている。

弘治年間に書写された巻を見ていくと、巻四〇一以降が非常に多いことが分かる。したがって、川越仙波玉林坊の僧良藝を中心とし、帙清などの若い僧によって巻四〇一から巻六〇〇までの二〇〇巻を新規に書写することが主たる目的だったと考えられる。そしてそのことは、この時点では、性尊が南北朝時代に書写したであろう六〇〇巻のうちの巻四〇一から後ろの部分はすでに失われていたことも意味している。

弘治年間の書写から五年ほど経った永禄《えいろく》年間にも

まとまった書写が一〇巻ほど見られる。永禄五年（一五六二）と六年に集中しており、ほぼすべて巻四〇一以降を書写している。したがって、この時の書写は、弘治年間で終了しなかった巻四〇一以降を基本的に対象としていたといえる。「仙波玉林坊良藝」、「玉林坊栄吽」などと記されていることから、それまでと同様に、川越仙波玉林坊の僧良藝が中心となって、巻四〇一以降の補充書写をしたものと考えられる。筆者名としては、良吽、永義欽、花厳坊栄耀などが見られるほか、「日那女躰神主三郎右衛門」などと記されていることから、神社側も積極的に関与していたことが窺われる。

●購入した大般若経

氷川女體神社の大般若経には、これまでのまとまった書写年代とは年代的に異質なものや版木で摺ったものも多く存在している。これらは当地で書写されたものではなく、欠けた巻を補充するために購入等によって氷川女體神社（文殊寺）にもたらされたものと判断できる。計四〇巻に上っており、特徴的なものを挙げれば、「渋川談所」（群馬県渋川市の天台宗真光寺にあった仏法の学問所）、「河口兵庫助」（多摩地域に本拠地を置いた武士団西党の流れをくむ河口兵庫助幸季のことと考えられる）、大宮氷川神社を意味する「足立大宮」などと記されている巻がある。これらは本来あった場所や書写した人物名と考えられ、明らかに氷川女體神社（文殊寺）のために書写されたものではなく、後に

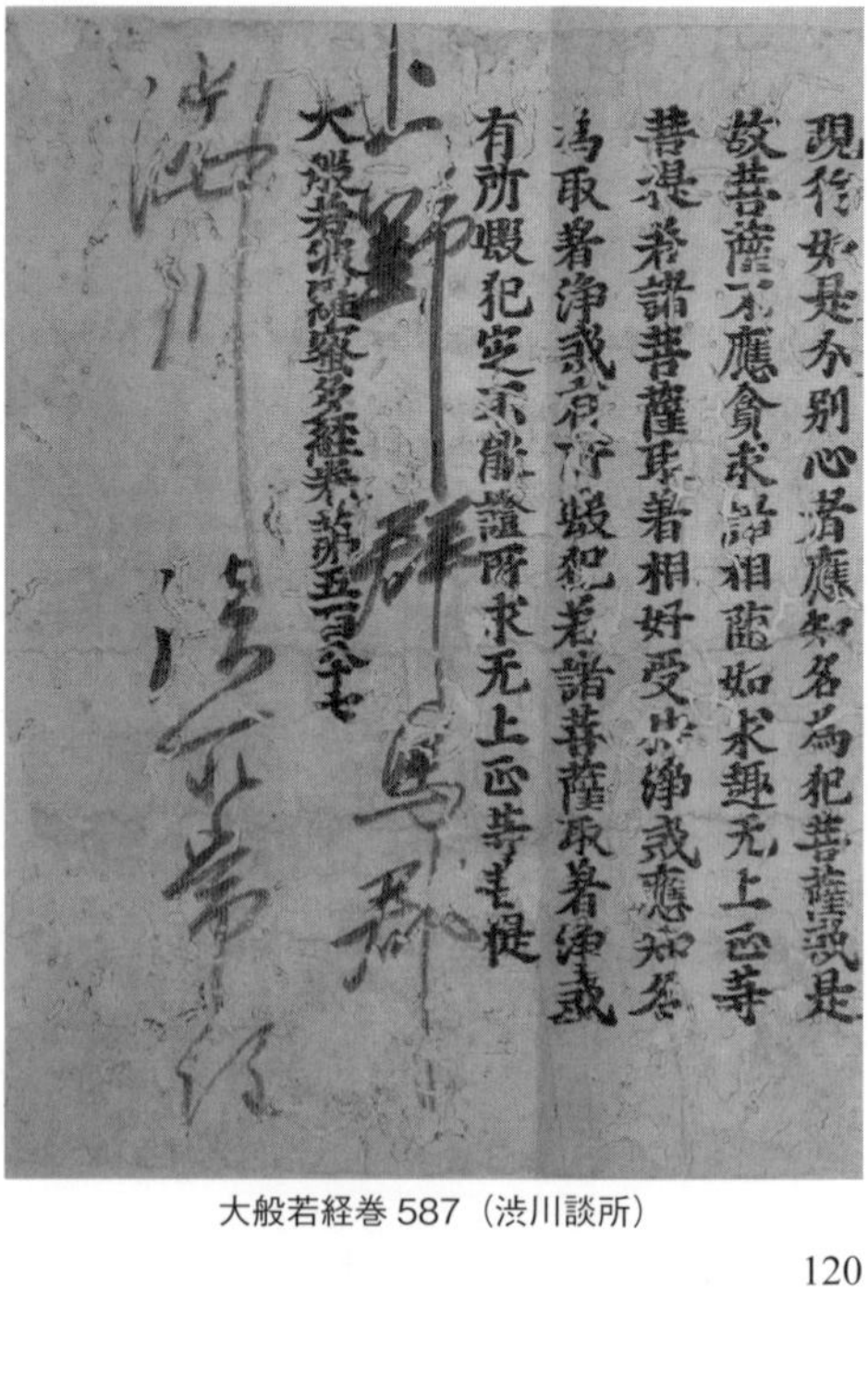

大般若経巻 587（渋川談所）

なって運び込まれたものなのであろう。

　大般若経が簡単に移動することの例として、大宮氷川神社神主東角井家の日記である「神主日記」の記述が挙げられる。文政《ぶんせい》十二年（一八二九）、大宮氷川神社の社僧《しゃそう》である観音寺の僧が、以前江戸の相模屋という店に預けていた書物を取り寄せて見たところ、観音寺の留守居の僧らが持ち出して質に入れていた大般若経が二四巻含まれていたという。そこには「御室女躰御経」などと記されていたとあることから、明らかに氷川女體神社の大般若経と考えられる経巻が含まれていたことが分かる。つまり、これらはいずれもかつて氷川女體神社にあったもので、何らかの理由で大宮氷川神社の社僧観音寺に移転し、後に観音寺の僧が質入れしたものなのであろう。

●大般若経の真読

　大般若経は全六〇〇巻と膨大な経典で、その全文字数は五〇〇万字近くに及ぶといわれている。そのため、大般若経は転読《てんどく》するのが一般的である。転読とは経文

大般若経転読風景

すべてを読むのではなく、折ってある経本をバラバラと扇のように空中で広げるだけで、読んだのと同じ功《く》徳《どく》を得ようとするものである。バラバラと広げた時に起きる風を「般若の梵風《ぼんぷう》」といって、その風を受けるだけで諸々の災難から身を守れるといわれている。

しかし、この氷川女體神社の大般若経は「真読《しんどく》」といって、経文すべてを読み上げることが戦国時代に行われている。多くの巻に「真読」「奝藝《ちょうげい》真読」などと記され、奝藝という僧が真読するたびに「真読」という文字と真読した年月日、さらにはその当時の社会情勢を克明に記していった。時には、「真読第二度」とあって、一度ならず二度も真読している巻もある。

大般若経巻163（真読）

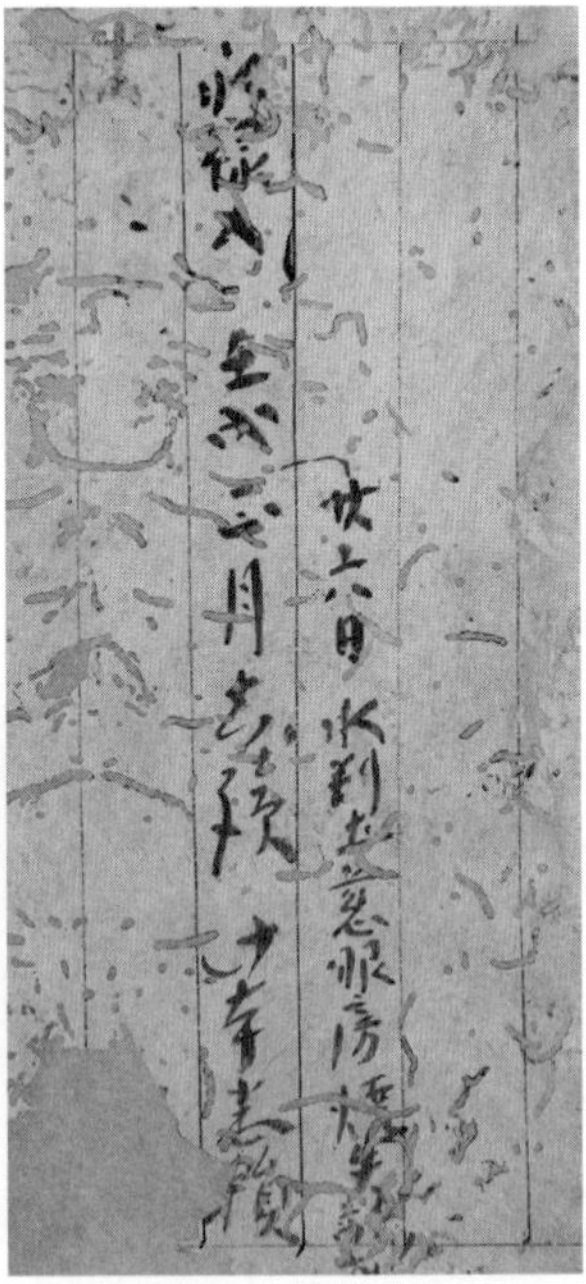
大般若経断簡（水判土慈眼房焼失）

奝藝とは、大般若経に「仙波権僧正《ごんのそうじょう》」と記される人物で、天台宗吉祥寺（さいたま市緑区中尾）の第四世を務め、後に川越仙波中院へ移っている。天文二十三年に五五歳であったという。

真読された年月を丹念に検討していくと、奝藝は永禄四年に巻一から真読を開始して、巻六〇〇までを翌年二月頃には終了している。さらには二度目として、永禄五年と永禄六年にも一部の巻の真読を行っていることが分かる。真読と同時に、奝藝は「永禄四 辛酉《かのととり》 武州大乱」「亥ノ年正月松山籠城《まつやまろうじょう》 敵氏康《てきうじやす》 味方太田《みかたおおた》」などとその時々の関東地方を取り巻く戦乱の状況や社会情勢も記入しており、そのことがこの大般若経の価値を大きく高めている。奝藝は味方である太田氏のために、通常は行わない大般若経の「真読」を二回も行ったということになる。

なお、江戸時代には、三室村を舞台にこの大般若経を使った大般若会《だいはんにゃえ》という法会《ほうえ》が行われていたが、現在では時間の経過とともに傷みや虫食い等が進行したため、昭和五十一年度から毎年、裏打ち作業が続けられている。

五　氷川女體神社と社僧文殊寺

氷川女體神社と文殊寺とは現在では少し距離が離れている。しかし、近代以前の神仏習合の時代には、文殊寺は神社に隣接してあり、氷川女體神社の社僧《しゃそう》（神社で仏事を修めた僧侶）という立場であった。江戸時代の文殊寺の姿を追ってみたい。

●明治維新で現在地に移転

さいたま市緑区三室一九五六番地にある文殊寺は、

文殊寺全景

天台宗の寺院で、緑区中尾の吉祥寺の末寺である。文《もん》殊菩薩《じゅぼさつ》を本尊とし、学問上達の御利益《ごりやく》があるとされ、広い信仰を集めている。かつては氷川女體神社の西側にあり、江戸時代の神仏習合の時期には社僧という立場であったが、明治維新に際して移転し、薬王寺と合体した。現在文殊寺のある場所は、旧薬王寺の境内だという。地元の武笠《むかさ》家に伝わる明治四年の「氷川女躰神社麁絵図《そえず》」には、神社の隣に「社僧廃跡」と記されていることから、この頃にはすでに移転していたことが分かる。

●江戸時代の文殊寺の姿

江戸時代の神社周辺の様子を描いている『江戸名所《えどめいしょ》図会《ずえ》』の挿絵によると、江戸時代の文殊寺は、神社の西隣、小高くなった一角にあった。神社境内とほぼ同程度の面積を持ち、境内入口に山門があり、それを取り囲むように塀を巡らせていた。境内にはマツの木が茂り、六棟の茅葺《かやぶき》の堂宇《どうう》があったほか、石仏も見て取れる。

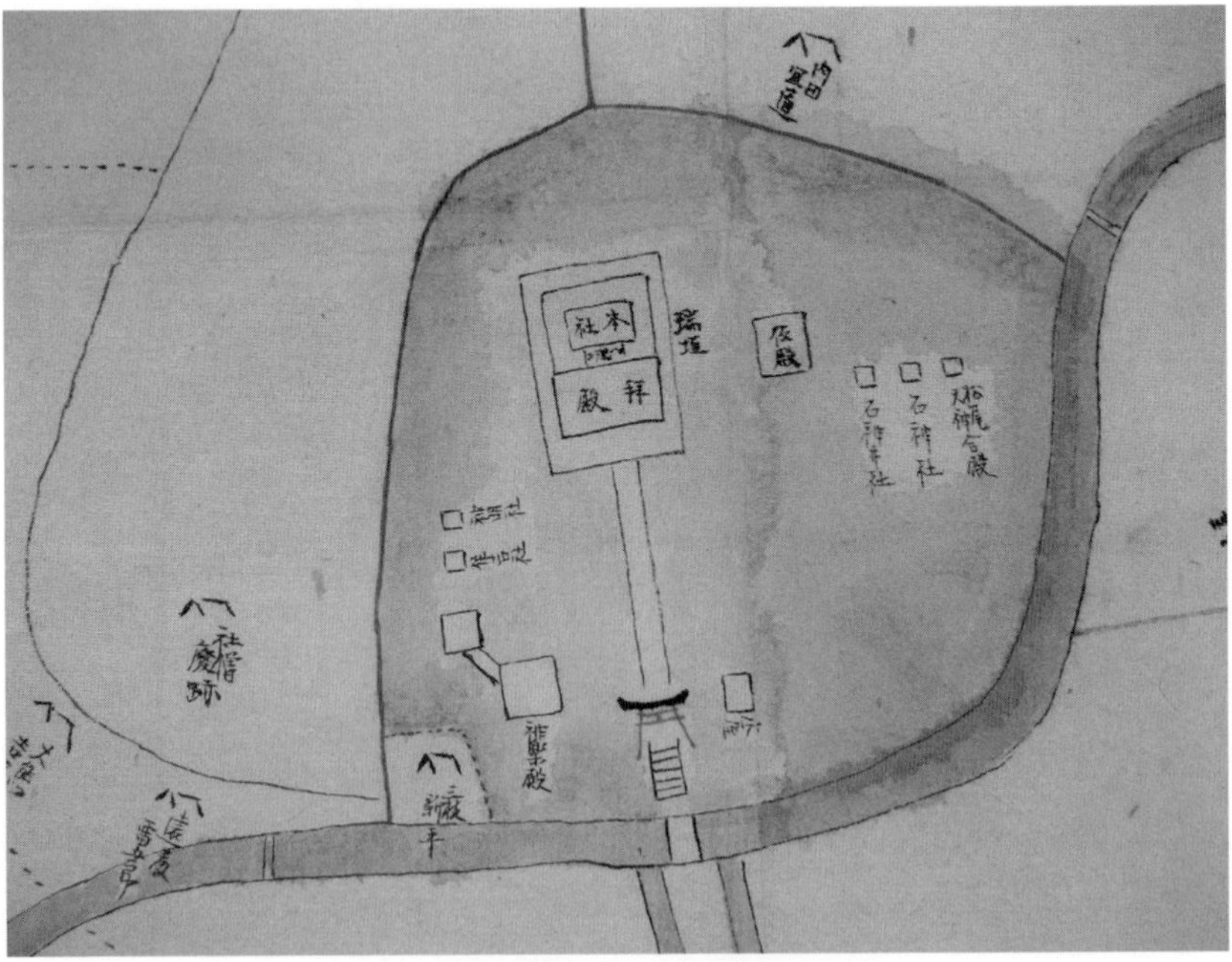

「氷川女躰神社麁絵図」(「社僧廃跡」部分)

『江戸名所図会』の挿絵（社僧文殊寺）

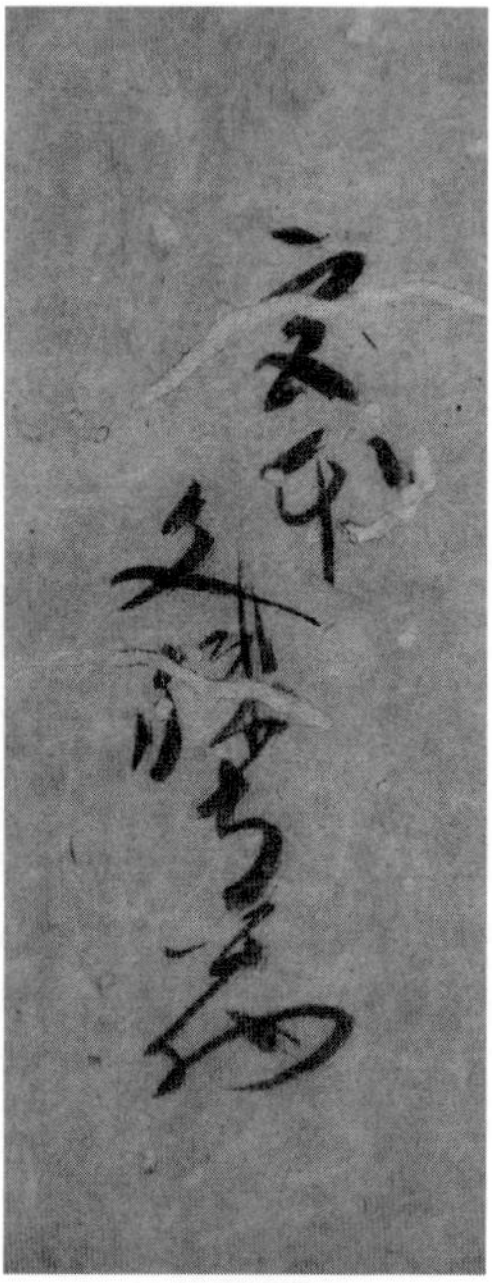

大般若経巻９
（「宮本文殊寺公物」）

現在、神社に伝わる大般若経《だいはんにゃきょう》はもともとこの文殊寺にあったものである。多くの巻に「文殊寺常住」と記されているのがそれを証明している。この大般若経は、戦国時代に川越仙波中院《なかいん》の僧 奝藝《ちょうげい》が、経文全部を読み上げる「真読」を行っていることは前に述べた。しばしばこの大般若経の末尾に「真読文殊寺」と注記されることから、真読は基本的にこの文殊寺において行われたものと考えられる。

また、神主の江戸時代の日記である「年中《ねんちゅう》於保恵《おぼえ》」（『浦和市史』近世資料編Ⅳ）には、この大般若経が文殊寺に所蔵され、村を舞台に大般若会《だいはんにゃえ》という法会《ほうえ》が行われていたことが記されている。

現在の文殊寺には江戸時代後期の三面の絵馬が残さ

れているが、元治《げんじ》二年（一八六五）奉納の楠木正成《くすのきまさしげ》・正《まさ》行《つら》親子の桜井の分かれの場面を描いた絵馬は、氷川女體神社神主家出身の武笠松渓《むかさしょうけい》の手になるものである。

六　女体社から氷川女體神社へ

「氷川女體神社」が今の正式な社名である。しかし、古い時代の記録には「女体社（宮）」としか書かれておらず、いつの時か「女体社（宮）」から「氷川女體神社」へと呼び方が変化している。その変化はいつ起き、変化の裏には何があったのであろうか。その謎に迫ってみたい。

●古くは「女体社（宮）」

天正《てんしょう》十八年（一五九〇）、徳川家康は豊臣秀吉から関東一円を領地として授けられた。徳川家康は江戸に入ると、権力の確立と安定のために古くからの寺社を味方につけようとした。そのための方策が、有力な寺社に対して領地を寄進することであった。江戸に入っ

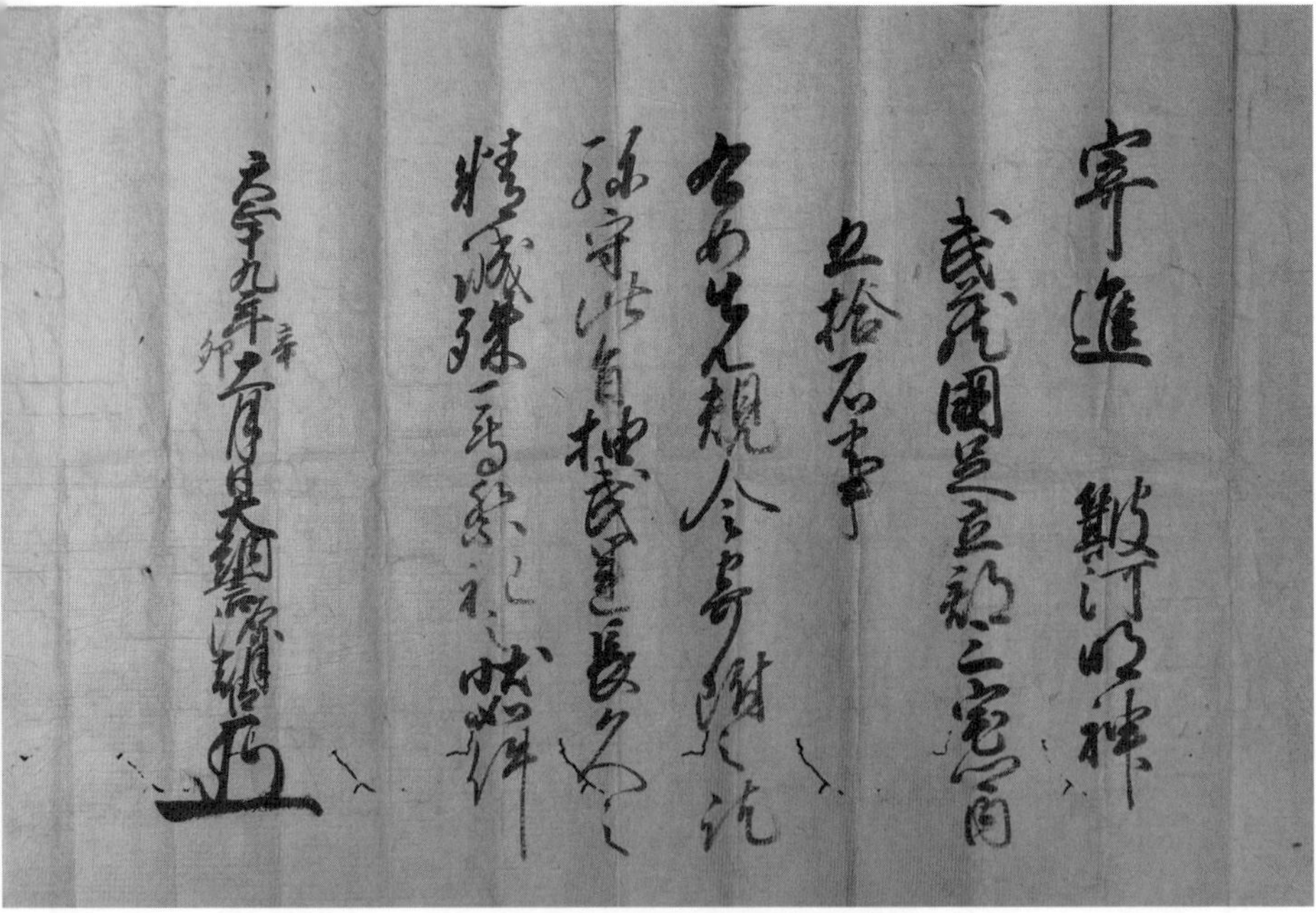
天正19年徳川家康社領寄進状

た翌年、天正十九年に氷川女體神社に対しても社領が寄進されているが、この時の徳川家康の社領寄進状の宛先は「簸河明神《ひかわみょうじん》」となっている。「武蔵国足立郡三宅（室）郷之内」とあるので、この「簸河明神」とは当然、氷川女體神社を指しているはずである。しかし、それまでの氷川女體神社が「簸河明神」などと呼ばれていた形跡はまったくなく、大きな変化だった。つまり、氷川女體神社に伝わる大般若経《だいはんにゃきょう》には「女躰大明神」、「御室女躰」、「三室村女躰宮」などと記されているし、

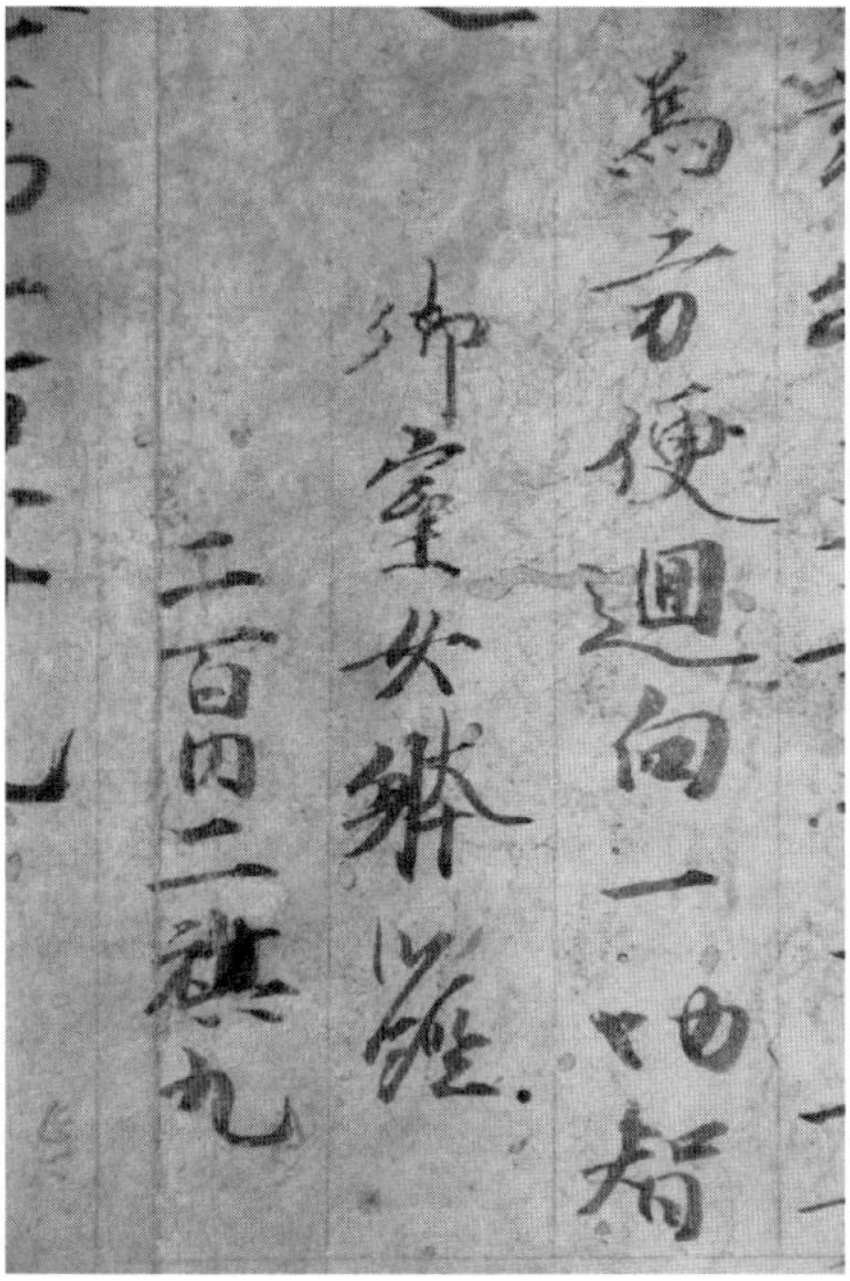

大般若経巻119（「御室女躰」）

後北条氏が神社に出した文書も「三室　女躰宮神主」（元亀《げんき》三年「一五七二」十月二十二日北条氏印判状）宛に出されたもので、いずれも、徳川家康の社領寄進状までは、氷川女體神社は単に「女躰（体）」と呼ばれていたことを示している。そこには、「氷川」という表記はまったく現れてこない。

●家康の寄進状以降は「氷川」

ところが、四代将軍徳川家綱《いえつな》による寛文《かんぶん》七年（一六六七）の社殿造営時の棟札《むなふだ》（社蔵）に「武蔵国一宮簸川女躰大明神社」とあって、江戸時代以降、氷川女體神社の呼称として「女体」に「氷川」の名が冠されるようになっていく。このことは、徳川家康の時代を境として、それまでは大宮氷川神社とは無関係だった氷川女體神社が、ある時期に大宮氷川神社との関係が生じた結果、社名にも「氷川」やそれに付随した「武蔵国一宮」が加わっていったのだと考えられるのではないだろうか。残念ながら、大宮氷川神社とどのような関係が生じたのかは不明だが、江戸時

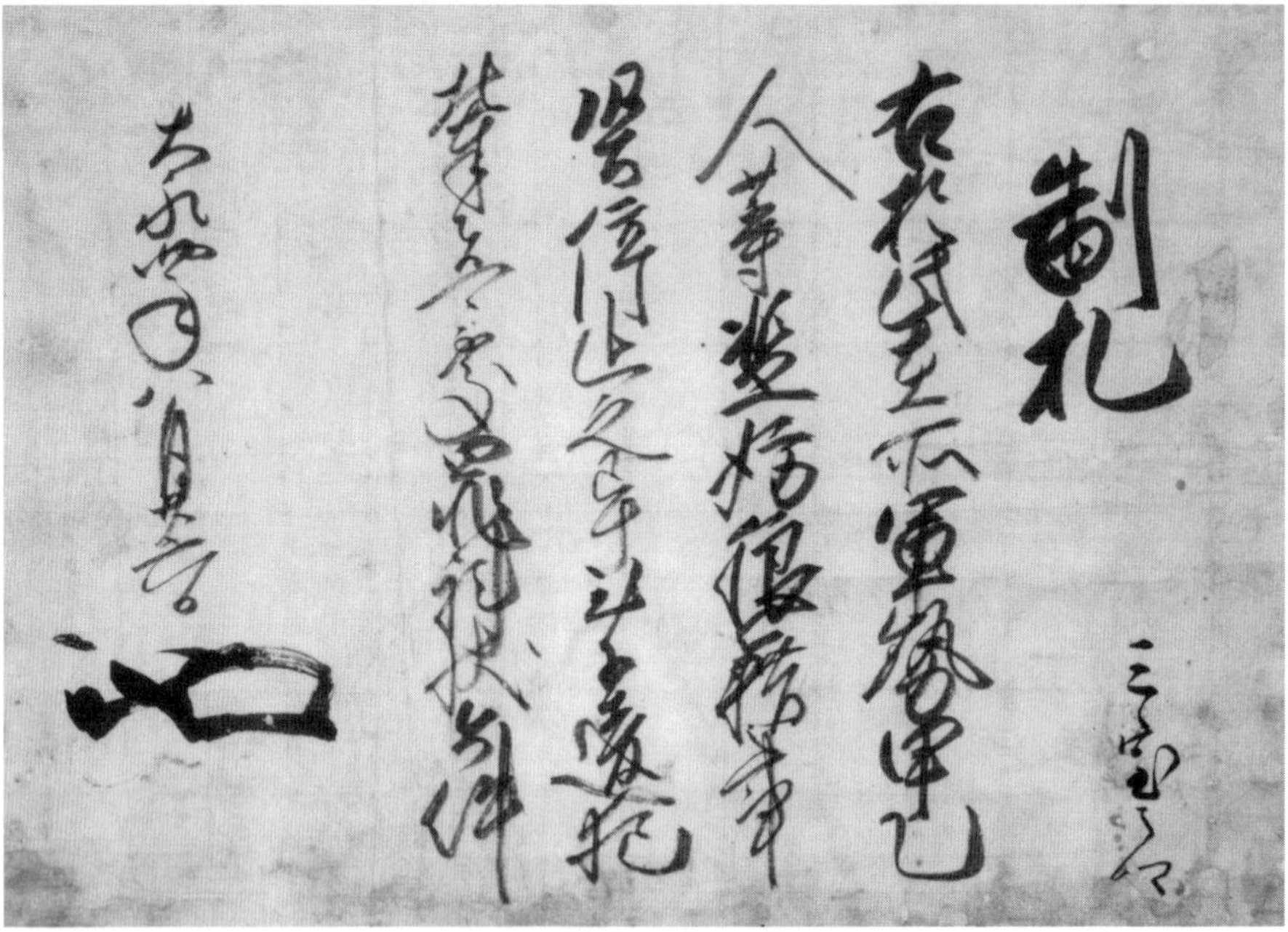

大永４年北条氏綱制札

代に入って大宮氷川神社が「男体社・女体社・中氷川」の三社で一体だと考えられるようになるのは、大宮氷川神社に熊野三山の修験者《しゅげんじゃ》がいたことの影響だといわれており、「女体」に「氷川」が加わるのはそのことが関係しているのかもしれない。また、大永《だいえい》四年（一五二四）の北条氏綱制札から分かるように、単に「女体」社と呼ばれていた時期、氷川女體神社に影響力を持っていたのは後北条氏であった。それに対して、「氷川」と呼ばれるようになる時期の権力者は徳川氏だということも社名の変化に関係しているかもしれないが、明らかな答えはない。

七　徳川家康からの五〇石の社領寄進

　徳川家康から五〇石という社領が寄進された時の古文書は、徳川家康を示す「大納言源朝臣《みなもとのあそん》」と花押《かおう》が記される非常に格式の高い形式の文書である。この時に、徳川家康から与えられた土地は三室村にあったが、見沼の溜井《ためい》や見沼代用水路の造成などで影響を受け、場所替えを余儀なくされていく。

●徳川家康の寄進状

天正《てんしょう》十九年（一五九一）十一月、氷川女體神社には五〇石の社領が寄進された。簡単に表現すれば、五〇石の生産量のある土地が神社の領地として保証されたということになる。社蔵の宝物として小振りの鋳《ちゅう》銅製《どうせい》の馬の像があるが、これは徳川家康奉納と伝えており、この時同時に奉納されたものかもしれない。大宮氷川神社でも、徳川家から神輿《みこし》が奉納されたことを伝えており、時期や品物の相違はあるものの、両社に対して同様のことが行われていた可能性がある。

寺社に領地を寄進する際には、寄進状という文書が出される。市内の寺社に残る社領寄進状は、通常は横長の紙を上下半分に折り、折り目を下にした上半分に文字を書くという形式で、徳川家康から領地を寄進されている神社の寄進状を見ても徳川家康本人の署名はなく、丸い印文のみ捺されているのが一般的である。ところが、氷川女體神社への徳川家康の寄進状は、紙を折ることなしに紙全体に文字を書き、しかも「大納言源朝臣」の記名と徳川家康の花押が据えられた、竪紙形式《たてがみけいしき》と呼ばれる格の高い文書形式をしている。

市内の寺社に寄進された領地を見ていくと、大宮氷川神社は慈恩寺《じおんじ》（岩槻区）とともに天正十九年段階で一〇〇石と飛び抜けて多いが、氷川女體神社はそれに次ぐものとなっている。徳川家康から天正十九年に寄進された他の寺社は、県内では鷲宮《わしのみや》神社（久喜市）が四〇〇石と最多だが、あとは平均で一〇～一五石だったことを考えると、氷川女體神社の五〇石は相当高かったといえる。

伝徳川家康奉納鋳銅馬

●五〇石の土地のその後

氷川女體神社に寄進された五〇石の社領は当初三室村に全部あったが、その五〇石を神主武笠《むかさ》氏が二六石余り（約五四％）、社家内田氏が一三石余り（約二八％）、別当文殊寺が六石余り（約一三％）、社家武笠氏が一石余り（約四％）に分配している。

ところが、寛永《かんえい》六年（一六二九）に見沼が溜井になった際、三室村の社領の一部が水没してしまい、二〇石余が附島村（さいたま市緑区）のうちに代替地となった。さらに、享保《きょうほう》十三年（一七二八）には見沼新田造成の際の芝川開削のために、その附島村の二〇石のうちの一部が潰地《つぶれち》となってしまい、見沼新田のうちに別の代替地が与えられたという。加えて、見沼代用水路の工事によっても、潰地になった土地があるという。大宮氷川神社でも同様であるが、見沼の水怒り《みずいか》や新田開発によって社領地が潰地となり、しばしば代替地が与えられていた姿が見えてくる。

なお、徳川家康から寄進された三室村での社領地は宮本と馬場《ばんば》の各地に散在していたことが、地元の武笠

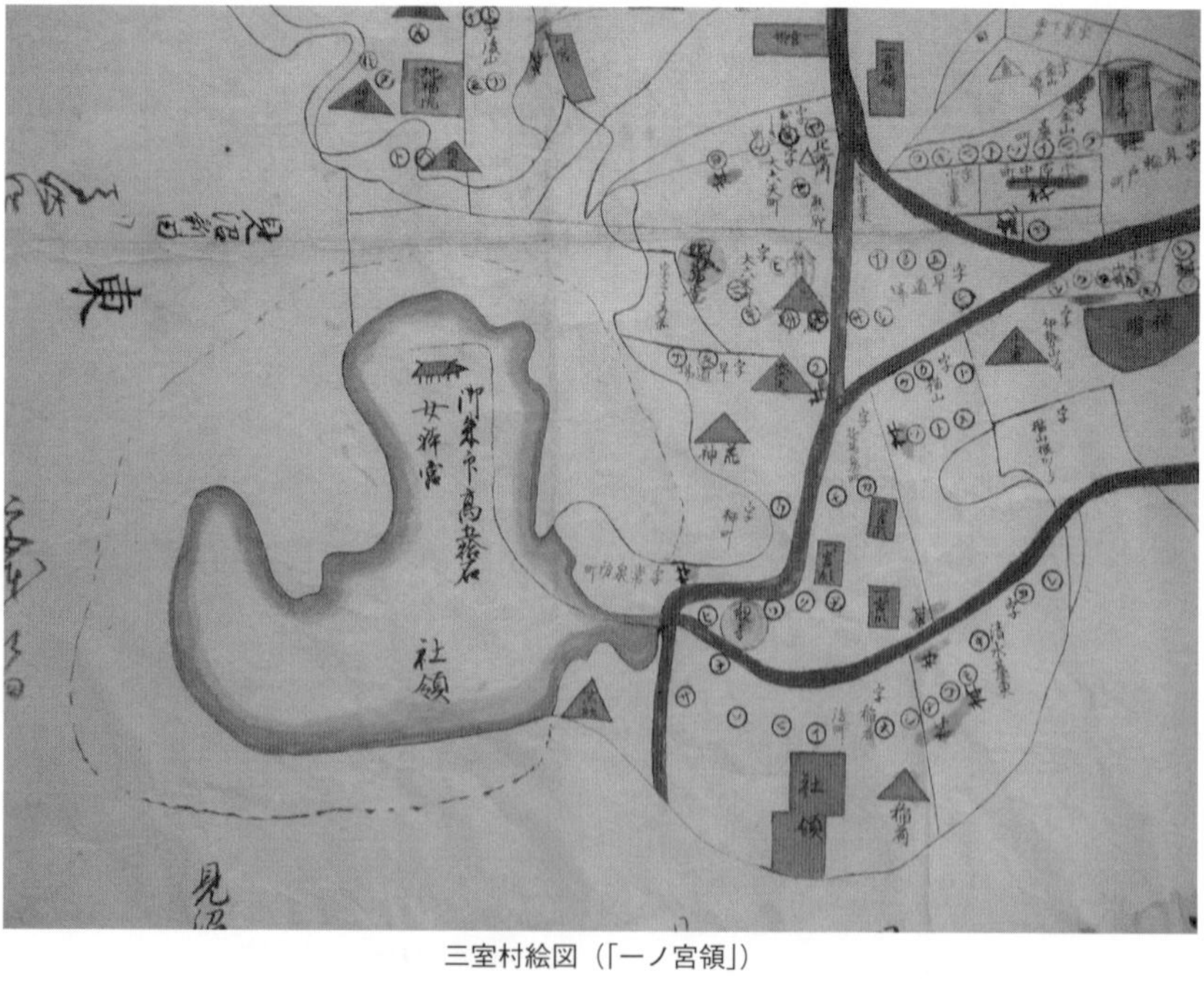

三室村絵図（「一ノ宮領」）

家に伝わる「三室村絵図」にしっかりと描かれている。

八　四代将軍家綱の社殿造営と修復

四代将軍徳川家綱《いえつな》の命で建てられた社殿がいまだに現存している。三五〇年経った今でも当時の姿は失われておらず、社殿維持のため神社の涙ぐましい努力があったことを忘れてはいけない。どのようにして社殿を維持してきたのか、その姿を明らかにしたい。

●徳川家綱の社殿造営

氷川女體神社では、寛文《かんぶん》七年（一六六七）に徳川家綱の命で本殿が造営された。そのことは、神社にある巨大な棟札《むなふだ》や徳川幕府の記録である『徳川実紀《とくがわじっき》』の記事からも明らかである。

大宮氷川神社の項で触れたように、『徳川実紀』寛文六年六月十七日条には、「武州一宮（氷川明神）は阿部豊後守忠秋《あべぶんごのかみただあき》、同州六所社《ろくしょしゃ》は久世大和守広之《くぜやまとのかみひろゆき》、伊豆《いず》、箱根《はこね》両所権現《りょうしょごんげん》は稲葉美濃守正則《いなばみののかみまさのり》奉りて修理すべ

現本殿

寛文7年の
社殿造営時の棟札

き旨仰出され、一宮女躰修理料金三百両はその神主にさずけらる」とある。つまり、この時、大宮氷川神社や大國魂神社（六所社、府中市）、伊豆、箱根両所権現とともに社殿修理が命じられ、三〇〇両が氷川女體神社神主に授けられている。この三人の奉行の当時の役職を見てみると、阿部忠秋は武蔵忍《おし》藩主で、老中を退任したばかり、久世広之は老中、春日局《かすがのつぼね》の孫に当たる稲葉正則は小田原藩主で老中と、いずれも幕閣として重きをなしている人物が当てられていることから、徳川家綱の思いが伝わってくる。これらの社殿造営は早くも翌年秋までには終了し、三人の奉行の家人らに将軍から羽織などが与えられている。

今見える本殿の姿は、この時造営された本殿の姿をほぼそのまま伝えるものである。その姿とは、三間社《さんげんしゃ》流造《ながれづく》りという形式で、本殿の本体部分である身舎は桁行《けたゆき》三間（三・五五メートル）、梁行《はりゆき》二間（二・一〇メートル）の長さを持つ。両開きの板戸によって御神体を祀る内陣《ないじん》と外陣《げじん》に別れ、正面には三段の階段が付いている。本殿本体部分の柱は丸柱（床下部分は八角形）で礎石上に立てられている。現在までに何度か部分的な修理がされ、最近では平成二十七年に修復委員会により土台から全て修復されている。

●幕府直営の修復

ここからは、徳川家綱の命で造営された本殿を、神社はどのようにして維持・修復をしてきたのかについて見てみたい。

先に見たように、寛文七年の社殿造営の際には、修理料の金三〇〇両は神主に授けたとあることから、社殿造営のために幕府から資金が拠出されたことが分かる。この社殿竣工の際、残金が生じたため貸付を行ったという記録があるが、残金の額などについては不明である。

それからおよそ二〇年後の貞享《じょうきょう》五年（一六八八）

を始めとして、氷川女體神社は享保《きょうほう》四年（一七一九）、寛延《かんえん》元年（一七四八）、宝暦《ほうれき》年間（一七五一～六四）、安永《あんえい》二年（一七七三）、文政《ぶんせい》十三年（一八三〇）に社殿の修復や、その計画をしていたことが分かる。

まず、貞享五年の「修復入用金之留帳」（『浦和市史』近世資料編Ⅳ）という記録から見ていくことにする。この記録を読むと、使った材料や寸法、費用、職人への支払いなどが日付順に細かく記されており、どのような修復がされたのか、またどのような順序で建造物の修復がされていくのかがよく分かる。日付は貞享五年六月に始まり、翌年三月に遷宮が行われて終了、費用は金一七五両余りを要したという。「御修復仰付けられ候」（旧武笠神主家文書）とあることから、この時も幕府から直接的な資金援助があったものと考えられる。

ところで、従来、寛文七年に造営されたのは本殿のみで、この貞享の修理の際に拝殿や幣殿《へいでん》が新築されたと考えられていたが、この「修復入用金之留帳」に記された部材のみでは新たに拝殿・幣殿を一から建築するには不十分の数で、拝殿・幣殿は寛文七年の造営時にすでに建立されており、この修理の際には、拝殿向《ご》拝《はい》の建築や本殿屋根の葺替えが行われたとする説がある。なお、「修復入用金之留帳」には「三五〇文　深川まで瀬取舟賃」「金一分二〇〇文　江戸より川口まで舟賃」「二貫五〇〇文　川口より木曽呂までの車引賃」とあって支出の内訳が記録されている。これを読むと、必要な資材は小舟で深川まで運び、そこから大きめの船に乗せ換えて川口に到着し、木曽呂までは車という方法で運搬していることが判明する。

次に氷川女體神社が社殿を修復するのは享保四年である。旧武笠神主家に伝わる古文書によれば、七九三両余りを使用した大きな修復であった。修理は本殿や幣殿、拝殿のほか、玉垣や末社にまで及んでおり、この時には、屋根葺き職人として延べ一三五〇人工分、四五両が「屋根や三郎兵衛」に支払われていることから、当時の屋根は茅《かや》葺《ぶ》きだったと想像できる。ここでも「酒井修理大夫様御掛にて御修覆仰せ付けられ候」（旧武笠神主家文書）とあり、幕府からの拝領金が使われたらしい。

●出開帳などによる社殿の修復

しかし、以後の社殿修復では幕府からの援助はなく、協力者から寄付を集める勧化《かんげ》、神仏の像などを他の場所に移して公開し、それによって資金を得る出開帳《でがいちょう》、さらには現代の宝籤《たからくじ》である富興行《とみこうぎょう》でその費用を賄おうと苦心したことが知られる。これも旧武笠神主家に伝わる古文書によって見てみよう。

まず、寛延元年の時には大岡越前守から銀三〇枚を拝領するとともに、勧化が認められた。勧化の内容は、武蔵国内に残らず氷川女體神社のお札を配ることによって資金を調達しようとするものであった。修復個所としては本殿・幣殿・拝殿・向拝で、その屋根替に畳替、戸障子の繕いと塗り直しなどとともに、玉垣の建直し、鳥居と御旅所の建直し、神橋二ケ所の架け直しであった。ところがこの勧化は成功しなかったらしく、数年後の宝暦二年には、札を配る範囲を広げて、相模、上総、下総、常陸、上野、下野での再度の勧化を願い出ているほか、翌三年には湯島天神（文京区湯島）での出開帳も申請している。

湯島天神での出開帳は認められたようではあるが、どうやらこの時も目的を達することはできなかったらしく、それから四年後の宝暦七年には神田川沿いの江戸柳原川原から佐久間町の明地を二〇年間借用し、そこで費用を捻出したいと願い出ているほか、駿河《するが》国の清水（現静岡市清水区）にあった幕府蔵の古米一万石を五年間に亘って払い出してもらうことを依頼している史料もある。江戸柳原とは、現在の地下鉄都営新宿線岩本駅近くの神田川沿いの一帯で、江戸時代には火《ひ》除地《よけち》として知られ、川沿いの土手にはヤナギが植えられていた。宝暦十一年にも、増上寺（港区）付近や麹《こうじ》町《まち》平川天神《ひらかわてんじん》脇（千代田区）を借用して、そこでの収益をもって修復に充てたいと申請している。また、幕府から五〇〇〇両を借用し、一〇年間での返済の依頼もしている。

このような涙ぐましい神社の努力も報われず、いずれも申請は認められなかったらしい。それから数年後

柳原辺り（「東京三十六景　柳原和泉はし」）

の明和《めいわ》年間（一七六四〜七二）には、本殿が非常に大破していて、毎朝の御祈禱の席もないという状態だったという。結局、この時期、神社の修復は行われなかったとみるべきであろう。

●富興行による修復

安永《あんえい》二年（一七七三）になって、今度は富興行が認められた。ただし、三年間駿河国で興行したが、繁盛しなかったために京都伏見への場所替えを申請している。

天明《てんめい》四年（一七八四）にも富興行を計画している。実際行われたかは不明であるが、場所は江戸新材木町の杉森稲荷《すぎもりいなり》（椙ノ森稲荷、中央区日本橋堀留町）で、この時は札の売上げおよそ金二五四両に対して、金一四三両余りを支払い、純利益金一一〇両余を見込んでいた。

その後は、文政十三年から三年間、年四回の富興行を平河天神（現平河天満宮、千代田区平河町）において行っている。札三万枚（智、仁、勇の三部）発行の計画をし、当りの最高札は九〇両だったという。神社

椙ノ森稲荷神社境内の富塚の碑

椙ノ森稲荷

平河天満宮

には、この時使用したと思われる「武州一宮女躰御宮富興行所平河天神」と彫られた印が存在する。しかしこの興行でどれだけの収益があったかは疑問で、興行終了後の天保《てんぽう》五年（一八三四）、地元世話人と考えられる人物が、立替えたお金がなかなか神社から返済されないと町奉行に訴えている。興行成績不振のため世話人から借用した立替金を払えていないことが窺える。

「武州一宮女躰御宮富興行所平河天神」と彫られた印

　この当時の社殿の様子を表すのが『新編《しんぺん》武蔵《むさし》風土記《ふどき》稿《こう》』の挿絵である。これを見ると、本殿に覆屋《おおいや》はない。本殿屋根の材質は不明であるが、かつての、老朽化して毎朝の御祈禱のための席もないという状況は依然続いていたものと考えられる。それに対して、『新編武蔵風土記稿』より後の、天保年間（一八三〇～四四）の様子を記しているとみられる『江《え》戸《ど》名所《めいしょ》図《ず》会《え》』の挿絵では、本殿に覆屋が懸けられており、覆屋内の本殿屋根は瓦葺きのようにも見える。このことから、この時期の本殿は、覆屋を懸けねばならないほど屋根が腐朽していた状態であったと考えられる。先に触れたように、享保四年の修理時の本殿屋根は茅葺きだったと想像されることから、それ以降、いつの時代かに、瓦葺きの屋根に替えられたのであろう。

『江戸名所図会』の挿絵

　天保七年の「普請方御宮瓦」（旧武笠神主家文書）という史料によれば、同年、神社は金五九両余りで社殿の瓦の葺き直しを実施しているが、ここには「御本社瓦弐千七百枚」とあることから、この時、本殿屋根が瓦葺きであったことは間違いない。この瓦の葺き替えは、馬込村（さいたま市岩槻区、もしくは蓮田市か）の瓦屋喜兵衛という人物が一手に引き受けていたようである。

●平成の修復

　平成二十三年から始まった修理の際、それまでのトタン屋根を剥したところ、下は相当傷んだ柿《こけら》葺《ぶ》きであった。柿葺きとはサワラなどの木材の薄板を屋根材として葺く方法である。社蔵の写真から、大正時代末期には本殿・拝殿ともトタン葺きであったことが分かるので、それ以前に柿葺きの時期があり、柿が傷んだので上にトタンをかぶせたものと推測できる。すると、先に見たように、江戸時代末期の天保七年には瓦葺きだったものがいつの時かに柿葺きへと改変され、さらに大正時代末期までにその上にトタン板が懸けられたということになる。

この瓦葺きから柿葺きへの変更については、安政《あんせい》二年（一八五五）に発生した安政江戸地震の影響を考える必要があるかもしれない。東京湾直下を震源とする安政江戸地震の影響はさいたま市内にも及び、大宮氷川神社でも「数ケ所破損」（西角井家文書）したという記録が残っている。当然、氷川女體神社も被災したようで、地震によって発生したと思われる柱の破損や縦割れ、接合した部分の剥離が平成の修復前まで見られていた。

この地震当時、神社の屋根は重い瓦葺きであった。地震が神社の屋根瓦にどのような影響を及ぼしたかは不明なものの、本格的な修復工事ができず傷んでいたであろう社殿に大きな影響を与え、屋根瓦が落下したのかもしれない。その後は柿葺きに変わっていることを考えると、地震の被害を機に、軽量の柿葺きへと変えられたのではないだろうか。そして、大正時代末期にはトタン板の屋根だったということは、その柿葺きが風雨に晒《さら》されて傷んだので、柿葺きの屋根にトタン板をかぶせて保護したということを意味しているのではないだろうか。その屋根こそが、平成の修復前まで見られた屋根なのである。

九　石造物と二つの参道

神社に関わる幕末の二つの石造物について考えていく。二つの石造物とも、神社への道しるべである。それは神社の表と裏に建てられ、両方向から神社へ参詣客を誘導するために必要なものだったことが分かってくる。

●「武蔵國一宮」の石柱

氷川女體神社社務所前に、一本の石柱がある。正面に「武蔵國一宮　女體宮道　神通書」、右側面に「宮本まで是より五」、左側面に「弘化《こうか》二年（一八四五）乙巳《きのとう》二月」と彫られている。もともと境内にあったものではなく、神社から離れた赤山街道《あかやまかいどう》沿い（さいたま市緑区大字大間木）に立っていたものを、平成になって境内に移築したものである。下の部分は土に埋もれて読めないが、「五」の下には「町」といった文字が続くものと思われ、赤山街道沿いに建てられた氷川女體神社への道しるべといえるものである。

「神通書」とあることから、「神通」という人物がこの文字を書いたものと考えられるが、その人物像は明らかにはできない。ただ、幕末の弘化二年という年に、赤山街道という人の往来の多い場所にこの道標は建てられたことになる。

「武蔵國一宮　女體宮道」の石柱

●神社裏の石造鳥居

一方、神社の北西約四〇〇メートル、三室堂近くの住宅地内には、氷川女體神社の石造鳥居が残されている。神社の背面に当たるこの地に、西側を正面として立っている。明治四年に神社神主である武笠幸美などが浦和県役所に提出した「氷川女躰神社麁絵図《そえず》」にも同様の位置に鳥居が記されており、神社にとっては重要なものと認識されていたと考えられる。この鳥居の左右の柱のうち、左側に「当御宮広前」「安政《あんせい》二年（一八五五）乙卯《きのとう》秋八月上浣《じょうかん》（上旬の意）建之」、右側には「奉献　氏子中」と彫ってあり、裏側にも何らかの文字が見える。彫りが浅いために、全体は読めないが、下部分は「幸美拝書」と読める。さらに、基礎部分には「大門宿　石工清次郎」と記されている。幕末の安政二年に、氏子たちが境内から若干離れた場所に建てたのがこの鳥居である。

氷川女體神社の石造鳥居

さてこの二つの石造物は、弘化二年と安政二年の幕末に建てられているが、その場所からして二方向からの参詣客を誘導するために、当然人の流れを意識して建てられたものであろう。この道標や鳥居を建てた具体的な理由や目的は不明ではあるが、当時、人を神社に誘導するための「装置」が必要だったことを物語っている。地元の武笠家に伝わる江戸時代後期頃の「三室村絵図」によれば、安政二年の石造鳥居の立つ場所は赤山道からの道と東漸寺《とうぜんじ》方面からの道が交差する地点であった。

なお、石造鳥居に彫られる「幸美」とは神社神主の武笠幸美を指しているものと考えられる。武笠幸美は在任中武笠大学と称し、明治十六年に没した人物である。また、大門宿石工《いしく》清次郎は、弘化四年のさいたま市緑区間宮の大百天《だいひゃくてん》神社の記念塔、嘉永《かえい》二年（一八四九）の大門大興寺の手水鉢《ちょうずばち》や元治《げんじ》元年（一八六四）の釣上《かぎあげ》神明神社の記念碑などにその名が見え、幕末に緑区・岩槻区といったさいたま市の東部で活躍した石工である。

Ⅱ　祭祀と伝説

一　見沼と御船祭

氷川女體神社とは切っても切れない関係の「見沼」。そこでは神社の最も大切な神事が繰り広げられていた。御船祭《みふねまつり》というこの神事、いつ頃から、どのように行われていたのであろうか。神社根本の神事に迫ってみたい。

●神社根本の神事

明治維新までの間、氷川女體神社で最も重要な神事が御船祭であった。それは、見沼が神社成立の根本に関わることに由来するからなのであろう。『江戸名所図会《えどめいしょずえ》』は、氷川女體神社の項でわざわざ「御沼」としてこの沼のことを取り上げている。その頃、すでに沼はないにも関わらず、「御沼」を立項しているのである。それがないと、氷川女體神社の説明ができないからであろう。それほど沼と氷川女體神社は切れない関係にあった。別称として「見沼」ともいうとしているように、本来は「御沼」であって、単なる「三沼」や「見沼」ではなかったのである。

この御船祭の具体的な起源は不明ながらも、神社にとって最も神聖視した見沼を舞台としていることからも、相当古くから開始されていることは容易に想像できる。隔年の九月八日、神輿《みこし》を舟に載せて見沼の中に進め、竹を四隅に立てた祭祀場所「四本竹《しほんだけ》」で瓶子《へいし》に入れた神酒を供する儀式であり、当日の神幸の際には北風によって舟は自ずと沼の中に到着し、還御の際には南風によって舟が元の場所に到着するという不思議な逸話が伝えられている。

見沼という、神社にとって最も神聖な場所である神社根本の祭祀であったが、江戸時代の半ば、享保《きょうほう》年間（一七一六～三六）の見沼の干拓によってこの御船祭は執行できなくなった。ただ、江戸時代の後半にはすでに御船祭に替わる磐船《いわふね》祭《まつり》が行われていたはずであるが、『新編《しんぺん》武蔵《むさし》風土《ふど》記稿《きこう》』や『江戸名所図会』とも御船祭のことを磐船祭よりも大きく取り上げている。それだけ、見沼という沼の中で行われた御船祭が、この神社にとって極めて重要だったということが認識されていたのであろう。

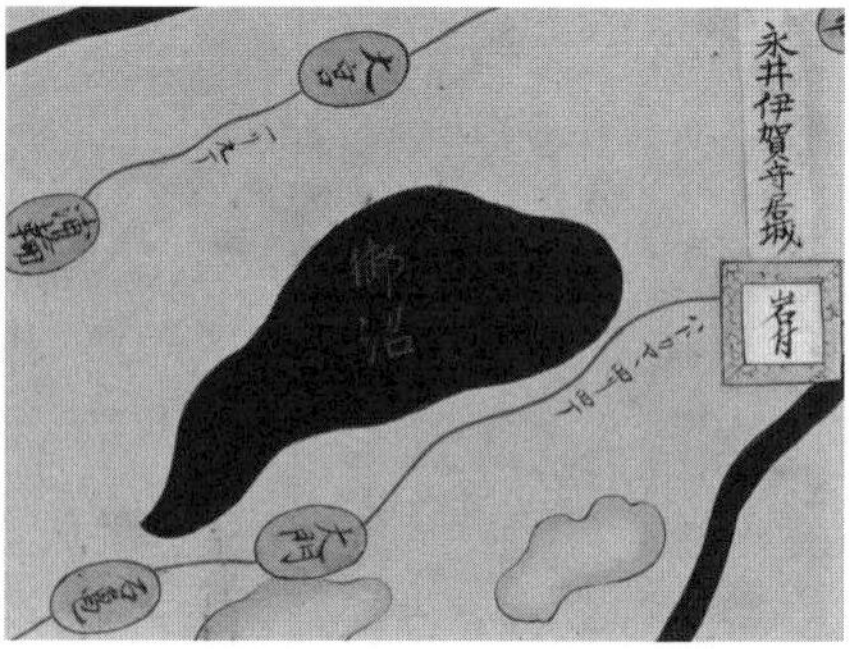

「御沼」と表現される「見沼」（「武蔵一国之図」）

●清楚で気品ある神輿

　この御船祭に使用された神輿はヒノキの木製で、全面に黒漆が塗られている。高さ一〇六センチ余りで、一番下の「腰」と呼ばれる部分は一辺が約七〇センチの正方形。周囲に高欄《こうらん》が廻り、正面には鳥居が設けられている。屋根の頂にはネギ坊主のような形の宝珠《ほうじゅ》を据え、四方には早蕨《さわらび》のように先端が巻き込んだ形をした蕨手《わらびて》が伸びている。要所に金銅の金具を打ち、余分な装飾を一切避けた姿は清楚で気品がある。繊細な姿や宝珠の形などから桃山時代末期ごろの製作とみられるが、詳しいことは分からない。

神輿

●埼玉県一のおたから瓶子

瓶子《へいし》は黒い釉薬《ゆうやく》がかけられ、牡丹の花や唐草紋《からくさもん》、剣の先のような紋が施される陶器である。二口一対で、口部が小さく、肩が張り、底部に向かって窄《すぼ》まる形になっている。いずれも高さ約三二センチ、口径約五センチで、ほぼ同型同大なものである。現在、東京国立博物館に収蔵されており、平成二十五年に東京国立博物館で開催された「国宝　大神社展」では、春日《かすが》大社や厳島《いつくしま》神社、宗《むな》像《かた》大社といった名だたる神社の多くの国宝とともに、埼玉県からは唯一展示された。丸ノミ状の工具を使って、牡丹の花などが彫られており、

瓶子

これまでは、室町時代の十五世紀に、瀬戸か美濃の窯で焼かれたものと考えられていたが、轆轤《ろくろ》が左回転であること、土が緻密で灰色をしていることから、中国産（元時代）の可能性が指摘されるようになってきた。

●出土した八〇〇本の竹

約三〇年前に行われた、さいたま市緑区下山口新田に所在する四本《しほん》竹《だけ》遺跡《いせき》での発掘調査では、地面に突き刺した状態の竹七九〇本と九七枚の古銭などが出土している。刺さっていた竹は、下がナタ状の刃物で数方向から切られており、人為的に竹を刺していること

出土した竹の様子

四本竹遺跡全景

から、そこが御船祭の祭場（御旅所《おたびしょ》）であっただろうと考えられている。御船祭は隔年の開催だったから、七九〇本の竹が刺さっていたということは、一回の祭祀の度に四本の竹を刺し替えたとして、約二〇〇回、四〇〇年もの間そこで継続して行われていたことを意味している。しかも江戸時代にすでに、この辺りの水田から朽ちた竹が多く出ていたという『新編《しんぺん》武蔵《むさし》風土《ふど》記稿《きこう》』の記録もあることから、かつて刺された竹の総数はさらに多かったことも考えられ、相当古くから行われていた可能性が高いものだといわれている。

二　見沼の干拓と磐船祭

江戸時代の中頃、氷川女體神社にとっての一大事が発生する。「見沼」が干拓され、沼ではなくなるということが起きたのである。当然、そこで行われていた「御船祭」もできなくなったが、神社は起死回生の策に打って出る。新しく創り出した「磐船祭《いわふねまつり》」について解説したい。

磐船祭祭祀遺跡

●新たな「磐船祭」始まる

見沼の干拓によって、それまでの見沼四本竹の地を舞台とした御船祭はできなくなった。神社では新たに見沼新田の中に祭場を造り、享保《きょうほう》十四年（一七二九）九月八日から磐船祭と称してそれまでとほぼ同様の祭事を行い、明治維新を迎えるまでの間、ここで継続されることとなる。「年中於保恵《ねんちゅうおぼえ》」（『浦和市史』近世資料編Ⅳ）という神主の日記では、神事終了後には御神楽があり、直会《なおらい》には赤飯、鱈《たら》、汁、長いも、椎茸《しいたけ》、はんぺんなどが出されていたと伝えている。現在、鳥居下の神橋の先にある「磐船祭祭祀遺跡《いわふねまつりさいしいせき》」がその場所である。

享保十二年の「御船祭相移候訳」（『浦和市史』近世資料編Ⅳ）という記録によれば、この磐船祭の祭場は二〇間（約三六メートル）で、四方に山を築いてサカキや竹を植える。また、祭場を全部囲むように一〇間の池を掘り、その土で山を築く。池の外側にも木を植える。神輿御幸道《みこしみゆきみち》の幅は一〇間で、鳥居前から五町ほど。この御幸道の両側にも木を植えるといったことが記されている。

しかしながら、ここに記された規模は当初の計画段階のものであったらしく、昭和五十六年に行われた発掘調査によって、実際は計画よりも大分小規模だったことが判明している。『新編武蔵風土記稿』や『江戸名所図会』に挿入されている氷川女體神社の絵では、祭場や御幸道の様子を具体的に描いており、見沼代用水路には橋が架けられ、その先に直線に延びる御幸道

『江戸名所図会』の挿絵

があり、奥の祭場に「四本竹」が設えられていた。また、御幸道両側には木が植えられ、御幸道や祭場全体を堀が廻っていたことがよく分かる。

●整備されていく祭りの場

見沼代用水路にかけられた神橋は板でできた橋で、長さ四間三尺（約八メートル）、横二間（約三・六メートル）とする記録がある。そこには関板、橋杭、欄干《らんかん》、土台《どだい》、笠木柱、袖貫《そでぬき》といった部材名が見られることから、水路の中の橋杭が全体を支え、橋上には高欄《こうらん》が付くという本格的な橋だったことが推測される。つまり、『江戸名所図会』に挿入されている絵に描かれている通りの姿であった。また、「御船祭相移候訳」では御幸道の両側に木を植えると記されているが、実際に享保十八年には宮本や芝原、三室、道祖土《さいど》など神社近隣の村人たちが、両側にモモの木を献上していることが知られるほか、鳥居から下へ降りる石段も元文《げんぶん》五年（一七四〇）に新しく普請《ふしん》されるなど、環境が次第に整備されていったものと思われる。

なお、この磐船祭祭祀遺跡は昭和五十四年に市の指定史跡となり、発掘調査の成果をもとに往時の姿に整備された。磐船祭が開始された享保十四年から二九〇年目に当たる平成三十年、この遺跡を取り囲む池などが神社や地元の方の熱意で再整備されている。

三　名越の祓

夏の午後、氷川女體神社に多くの人が集まる。人々の目当ては、「人形《ひとかた》流し」と「茅《ち》の輪《わ》潜《くぐ》り」である。名越《なごし》の祓《はらえ》と呼ばれるこの神事には、有名な伝説と古い歴史があり、各地の名越の祓を探っていくと、どうやら「人形」を川などに流すことが一番重要だったことが分かってきた。

●茅の輪と「蘇民将来」伝説

七月三十一日の夕暮れ、氷川女體神社では市指定無形民俗文化財「氷川女體神社の名越祓え」が開催され、半年の災いや穢れを拭おうとする多くの人たちで賑わう。

この名越の祓とは、もともと六月と十二月の晦日に宮中で行われていた、人々の罪穢れを取り除く「大《おお》祓《はらえ》」という儀式のうち、六月に行われるものを「名越の祓」と呼んだことに由来する。すでに古代から行われており、天皇が朱雀門《すざくもん》の前で大祓詞を読み上げることで、国民の除災をしたものである。

この名越の祓は一般にも広まり、各地の神社で行われていたようであるが、宮中での名越の祓は中世には途絶え、各地の神社でも細々と行っている程度に廃れてしまったようである。明治維新以後、宮中では大祓が復活し、各地の神社でも行われることになった。

現在一般に見る名越の祓で目に留まるのが「茅の輪」の存在である。各地の神社では六月晦日に、境内に茅《かや》などで作った直径二メートル程度の「茅の輪」を設置し、人々は思い思いに茅の輪を潜り、罪穢れの除災を願っている。

この「茅の輪」は蘇民将来《そみんしょうらい》という伝説に基づくものである。この伝説は、奈良時代に書かれた『備後国《びんごのくに》風土記《ふどき》』に載せられている。武塔神《ぶとうしん》という神（須佐之《すさの》

日光・二荒山神社の茅の輪

男命《おのみこと》）が旅の途中で宿の提供を願い出たが、裕福な弟は断り、貧しい兄蘇民将来はもてなした。後に武塔神は兄蘇民将来の娘に茅の輪を着けさせ、茅の輪を着けていないものを皆殺しにし、茅の輪を着けていれば災難を避けることができると教えた。茅の輪を着けていたために殺されずに済んだというものである。

この逸話は全国に伝わり、茅の輪潜りの風習が各地で行われ、奥州市の黒石寺《こくせきじ》では蘇民将来の護符を裸の男たちが奪い合う蘇民祭《そみんさい》が行われ、信濃国分寺八日堂（長野県上田市）では蘇民将来の護符が頒布されたりもしている。名越の祓にも取り入れられ、茅の輪潜りがその代名詞ともなっている。

●茅の輪潜りと人形流し

かつて行われていた名越の祓の特徴として、使用した道具を「川や海に流し去る」という行為が多く見られる。鷲宮《わしのみや》神社（久喜市）では古利根川《ふるとねがわ》に辛櫃《からびつ》の形代《かたしろ》を流したというし、宇治神社（伊勢市）では茅の輪を五十鈴《いすず》下流に流していた。さらには賀茂《かも》御祖《みおや》神社（下鴨神社、京都市）では茅の輪を潜り終わったあと、麻の小串を御手洗川《みたらしがわ》に流し去ったりしており、いずれも祭に使用した人形などを川に流すという行為が行われている。

江戸時代の『尾張名所図会《おわりめいしょずえ》』という地誌に江戸時代の名越の祓の様子が示されている。それによれば、川に面した河原で、烏帽子《えぼし》を着けた神官や武士など二〇名ほどが筵《むしろ》の上で左右に分かれて正対して座り、一人の神官が祝詞《のりと》を読み上げている。それぞれが何らかの植物一本を手にし、正座している人の後ろでは老若男女を問わず町人がその様子を見守っている。川には五本の御幣《ごへい》が立てられ、奥には茅の輪とそれを潜っている人も描かれている。川に面した河原で行われていることから、ここでも行事終了後に御幣を川に流し去ったことが想像される。

一方、現在でも六月三十日に行われている宮中での名越の祓を見てみよう。詳細を知り得る立場にないため、明治時代後半の『宮中儀式略』という記録で代用する。宮中でのそれは、宮中三殿の一つである賢所《かしこどころ》前

『尾張名所図会』挿絵の江戸時代の名越の祓

庭の祓所《はらえどころ》で行われ、祭官が机の上に据えられた麻に祓の稲を挟んで大祓詞を読み上げ、終了後に麻を持って参加者の祓を行う。終われば使用したものを浜離宮まで運んで、これを海に投げ入れるというのが儀式の概略である。これらの例で共通していえることは、祓終了後にその神事で使用したものを川や海に流して処分していることである。名越の祓では、茅の輪を潜るという行動よりは、罪穢れを人形などに移し替え、それを川や海に流し去るという行動こそが一番重要で、それこそが名越の祓の本来の目的だったのかもしれない。

●氷川女體神社の名越の祓

それでは、氷川女體神社での名越の祓はどのように行われるのだろう。以前は六月晦日だったが、現在は、月遅れの七月三十一日の午後三時から開始される。以下はその順序である。

①境内に設けられた修祓《しゅばつ》場所で宮司らが大祓詞を奏上している間に、参集した氏子たちは大型の布製の人《ひと》形《かた》に息を吹きかけたり、人形で体を撫でたりする。②

氷川女體神社の名越の祓の様子

大祓詞奏上が終了すると人形が回収される。③宮司らを先頭に行列を整え、石段を下り、見沼代用水路の神橋の上に並ぶ。④祓《はらえ》詞《し》奏上の後、参列者から集められて唐櫃に収められていた紙製の人形を宮司や神職、参加者が川上から川面に投げ入れる。⑤再び宮司らを先頭に石段を登り、鳥居の前に並ぶ。鳥居にはマコモで作られた「輪」が取り付けられている。⑥宮司が和歌を朗詠する。「思ふこと　皆つきねとて　麻の葉をきりに切りても　祓えつるかな」を二回。⑦輪に張ってあった注連縄《しめなわ》を解き、宮司を先頭に「輪」を潜って直進する。行列は拝殿前で左に折れ、円を描くようにして再び鳥居前に戻る。⑧宮司が和歌を朗詠する。「みな月の　夏越の祓　する人は　千年の命　のぶと言ふなり」を二回。⑨宮司を先頭に「輪」を潜って直進する。行列は拝殿前で右に折れ、円を描くようにして再び鳥居前に戻る。⑩宮司が和歌を朗詠する。「宮川の清き流れに　みそぎせば　祈れることの　叶わぬはなし」を二回。⑪宮司を先頭に「輪」を潜って直進する。行列は拝殿前で左に折れ、円を描くようにして再び鳥居前に戻る。つまり、八の字を描くように、左、右、左と回るのである。ここでも、見沼代用水路という水路に、参加者の罪穢れを移した人形を流していることに注目すべきであろう。

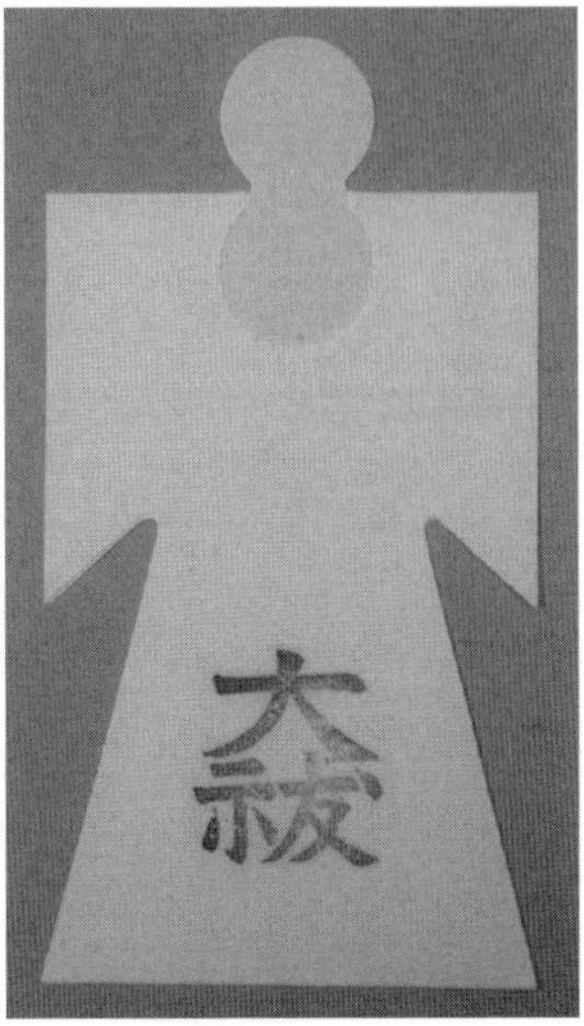

氷川女體神社の「人形」

　この行事の形は、人形の配布、輪作り、修祓、人形流し、輪潜り等一連の行事次第がある。その中には祓の行事歌等も伝えており、全体に古い要素を残しているといわれ、江戸時代にはすでに行われていたものである。朗詠される和歌のうち、「思ふこと」は『後拾《ごしゅう》遺和歌集《いわかしゅう》』に収められる一二〇六番和泉式部《いずみしきぶ》の歌、「みな月の」は『拾遺和歌集《しゅういわかしゅう》』に収められる二九二番読み人知らずの歌である。

四　見沼と竜神伝説

見沼には竜神伝説がたくさん残されている。おそろしい存在として伝えられる「竜」ではあるが、その一方では人々に幸いをもたらす話も伝えられている。竜神伝説を紹介するとともに、なぜ見沼には竜神伝説が多く残っているのか考えてみる。

●市内に伝わる竜の伝説

氷川女體神社と切っても切れない存在が「見沼」であり、「見沼」があったからこそ、氷川女體神社が成立したといっても過言ではない。その主は竜だといわれている。勿論、竜は麒麟《きりん》などと同様に想像上の動物でしかないが、池や沼のある場所には多くの竜伝説が残されている。市内に伝わる竜伝説を挙げてみると、

①見沼の笛（見沼全域、見沼区、岩槻区、緑区）

夜な夜な見沼に鳴り響く怪しい笛の音。奏でる主は妖艶な美女だった。その笛の音を追う若者たちは次々と姿をくらましてしまう…。

②釘付けの竜（緑区大門・愛宕《あたご》神社）

悪さをする二匹の竜がいるので、日光に向かう左甚五郎《ひだりじんごろう》に竜を彫ってもらい大門の愛宕神社に封じ込めた。その竜が夜中に抜け出し田畑を荒らすという騒ぎになり、ある村人が甚五郎の彫った竜を釘付けにした。

見沼自然公園の竜のオブジェ

③開かずの門・釘付けの竜（緑区大崎・国昌寺《こくしょうじ》）

田畑を荒らす竜がいるので、日光帰りの左甚五郎に竜を彫ってもらい山門に封じ込めた。葬式の時、山門下を通ると棺桶の中が空になったので、山門を閉ざし開かずの門とした。この竜も釘付けにさ

れたという。

④美女と竜（大宮区天沼・大日堂）
干拓の詰所で病に伏した井沢弥《いざわや》惣兵衛《そべえ》、そこに現れて干拓を拒む美女は白蛇だった。

⑤蛍の御殿（見沼地区）
見沼に美しい笛の音が。それをたどると古井戸が…。中をのぞくとぱっと明るくなり無数の蛍が舞う。

⑥弁天様のお使い（南区別所・別所沼弁天、中央区・二度栗山弁天）
別所沼の弁天島で一休みしている車屋に声をかけた美女。美女の頼みで二度栗山《にどぐりやま》に着くと美女の姿は消えて白蛇が石段を登っていく。二度栗山には竜神様が祀ってある。

竜神伝説のある国昌寺の門

⑦長伝寺の水呑み竜（中央区本町東・長伝寺）
大雨の降る晩、寺の欄間の竜が消えていなくなる。後を追うとあふれそうな川の水をがぶがぶと呑んで冠水を防いでいた。それでこの地域が冠水しないことが分かった。

⑧慈恩寺《じおんじ》の人身御供《ひとみごくう》（岩槻区慈恩寺・慈恩寺沼）
慈恩寺沼の主の竜は村の女の子を人身御供に求めるが、娘を差し出したら戻ってこないと、村人たちが知恵を絞り、娘の代わりにわら人形を差し出した。たたりが起きなかったので以来、人身御供はわら人形になった。

⑨おしゃもじ様（大宮区天沼・天沼神社）
百日咳で苦しむ子供のいる家に金の竜が現れ、父親に熊野神社にお参りするようにと言う。お参りするとすっかり咳は治まる。

⑩竜神の決意（見沼区片柳・萬年寺《ばんねんじ》）
井沢弥惣兵衛為永の干拓詰所に現れ、工事中止を迫る美しい女。行燈《あんどん》の明かりに揺れる女の影は何

と竜。そこで竜神と弥惣兵衛の迫真のやりとりの結果、竜神は沼を人に預ける決心をする。

⑪お宮弁天（見沼区新右衛門新田・宗像神社）

真蔵という若者と夫婦になることを約束していた新右衛門の娘お宮は不治の病に陥る。臨終の際に竜神様に見初められてしまったことを打ち明ける…。

⑫美女と馬子（緑区下山口新田・厳島神社）

馬子《まご》に乗せてくれと頼む美しい乙女。お礼に小箱をもらい主人に渡すと、その家は大いに栄え、主人が小箱を開けると家は衰退してしまう。開けてはいけないといわれていた小箱には竜の鱗が入っていた。

⑬四本竹《しほんだけ》と御船祭《みふねまつり》（緑区下山口新田）

沼の深い所に御輿《みこし》を載せた船で行き、四本の竹を立てて祭祀の場所とし、赤飯や銭を沼に捧げると渦を巻いて、あっという間に吸い込み、その後で竜神の使いの鯛が箸を吹き戻した。

⑭竜神灯（見沼地区）

見沼が干拓され、竜神が沼を明け渡すと、毎日灯籠に火を灯《とも》しに来る老婆がいる。尋ねると沼の主であったことと、火を灯し続けるように告げると、白い煙となって天に昇っていった。

⑮蓮を作らない（見沼地区）

見沼で蓮を作らないのは、蓮のとげで竜が傷つくことを恐れたから。

⑯御沼の手毬（緑区大牧）

竜の持つ水晶玉は竜の涙。竜神が見沼の水藻で作った手毬が乾いて飛んでしまったので流した涙。

⑰見沼のゴイ（見沼地区）

ゴイゴイという音は竜の歩く音だったので、見沼の竜を「見沼のゴイ」といった。

●竜神伝説と氷川女體神社

以上が、「さいたま竜神まつり会」のさいたま市竜伝説マップに載せる市内の竜伝説である。多くが見沼に関わる竜の伝説だといえる。この伝説の中では、竜は恐ろしい存在として捉えられている場合が多い。田畑を荒らす竜がいたり、人々に病気や災難をもたらす竜がいたりする。その一方で、篤く信仰すれば水害を防いだり、幸いをもたらしたりする。まさに、水の「恐ろしさ」と「恩恵」がこの竜伝説の中に表現されているのである。

氷川女體神社とイコールの存在である見沼には「不幸」と「幸福」をもたらす竜が棲《す》み、それを恐れ敬う心は、やがて人々の間に「竜神」の存在を想起させることとなっていくのであろう。見沼の干拓によって住処《すみか》を失った竜神は天に昇り、印旛沼《いんばぬま》や諏訪湖《すわこ》に移っていったという伝説があるが、今に至るまで人々の心の中には竜神が住み続けており、さいたま市誕生の象徴として、竜をモチーフにした市のキャラクター「ヌゥ」が誕生し、竜神まつりも開始されることとなった。

さいたま市のキャラクター「ヌゥ」

祇園磐船竜神祭での巫女舞

竜神まつりの行進

現在、神社の磐船祭の流れを汲む祇園《ぎおん》磐船《いわふね》竜神祭《りゅうじんさい》が毎年五月四日に行われて多くの参加があるが、当日はさいたま竜神まつり会の方々による昇天竜《しょうてんりゅう》を先頭にした見沼一帯の行進も行われている。

Ⅲ　神社をめぐる人

一　神主家と神道家橘三喜

　江戸時代の神主武笠豊雄と親交があったであろう神道家橘《たちばな》三喜《みつよし》にスポットを当てるとともに、氷川女體神社に奉祀した江戸時代の神主にはどんな人物がいたのか、残された墓石などをもとに明らかにしたい。

●神道家「橘三喜」の墓石

　神社の北東、見沼代用水路近くの住宅地の一角にある武笠神主家墓地に、江戸時代の神道家橘三喜の墓石が残されている。橘三喜は寛永《かんえい》十二年（一六三五）に肥前国（長崎県）平戸の七郎宮という神社の神主家に生まれ、元禄《げんろく》十六年（一七〇三）に没した人物である。江戸時代の神道界で絶大な権力を有した京都の吉田神道の教えを受け、江戸浅草で神道を広めたという。諸国一宮の巡拝を行い、浅草に戻るまでの紀行文として『一宮巡詣記《いちのみやじゅんけいき》』を著している。一宮巡拝の途中、壱岐《いき》の鉢形嶺《はちがたみね》（長崎県壱岐市）の経塚《きょうづか》で発見した平安時代の石仏は現在国の重要文化財に指定され、奈良国立博物館に収蔵されている。

橘三喜墓石

その橘三喜には四七〇〇人もの弟子がいたとされ、氷川女體神社神主である武笠豊雄もその一人だったようである。橘三喜は死後、なぜか武笠神主家の墓地へ葬られている。橘三喜が武笠神主家墓地に埋葬された経緯は不明だが、橘三喜の墓石正面に「一樹霊神」と大書され、ほかの三面には三喜の功績が記されている。それによれば、『一宮巡詣記』のほかにも『中臣祓《なかとみはらえ》集説《しゅうせつ》』『秋津真言葉《あきつまことば》』を著したという。また、三喜の死後、門弟らがこの地に社を建てたが後に壊れたため、三喜の妻が建てたものが現存する墓石だということが分かる。

●歴代の神主が明らかに

さて、江戸時代の氷川女體神社神主家は武笠家であった。武笠家は佐伯《さえき》氏の流れを汲んでいると伝えられ、社蔵の鎌倉時代している飾鉾《かざりほこ》に「正応《しょうおう》六年（一二九三）大歳癸巳《みずのとみ》」「九月八日」「佐伯弘」と彫られた小さな円板が付けられていたということから、そのことは確かめられる。江戸時代の『新編《しんぺん》武《む》蔵風土記稿《さしふどきこう》』では、先祖は天正《てんしょう》十八年（一五九〇）に起きた後北条氏と豊臣氏の合戦の際に、後北条氏側として岩付に籠城し、討死したと記している。神社には大永《だいえい》四年（一五二四）の制札《せいさつ》や元亀《げんき》三年（一五七二）の印判状《いんぱんじょう》という後北条氏から与えられた古文書が伝わることから、神社が後北条氏の庇護《ひご》を受けていたらしいことは想像できる。神主家も戦国の戦乱に巻き込まれ、後北条氏と命運をともにしたのかもしれない。

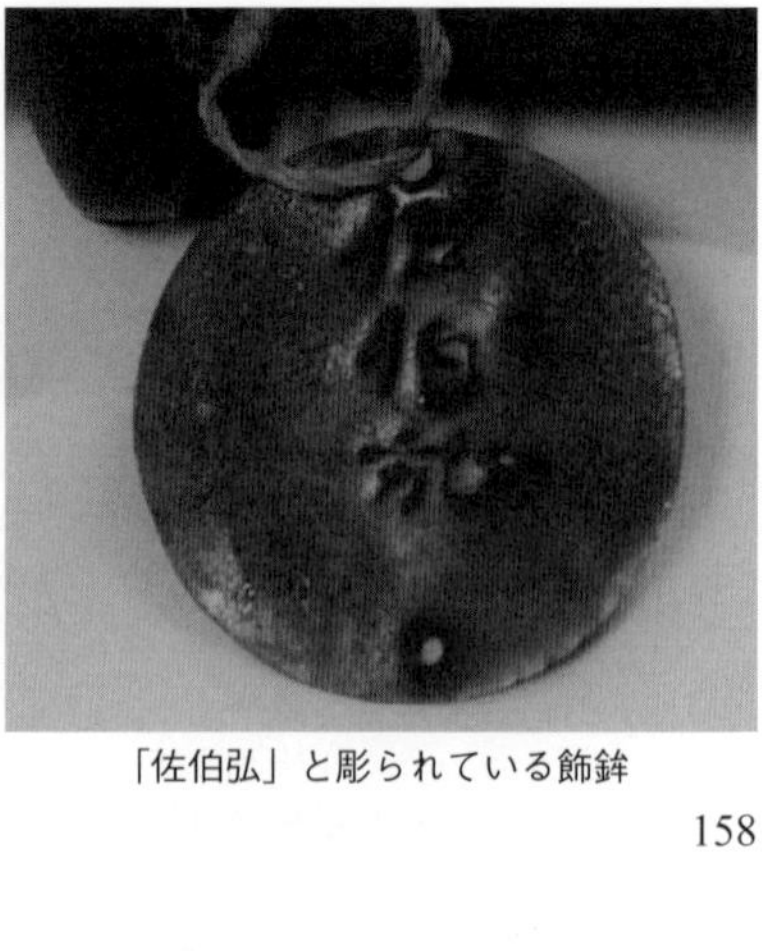
「佐伯弘」と彫られている飾鉾

歴代神主のうち最も早く具体的な名前が知られるのが、平安時代の「佐伯朝臣幸栄」「兵部権大夫富則」（明和四年［一七六七］「武州一宮女躰宮御由緒書」『浦和市史』近世資料編Ⅳ）という人物であるが、それを裏付ける他の資料はない。信頼できるものとしては社蔵

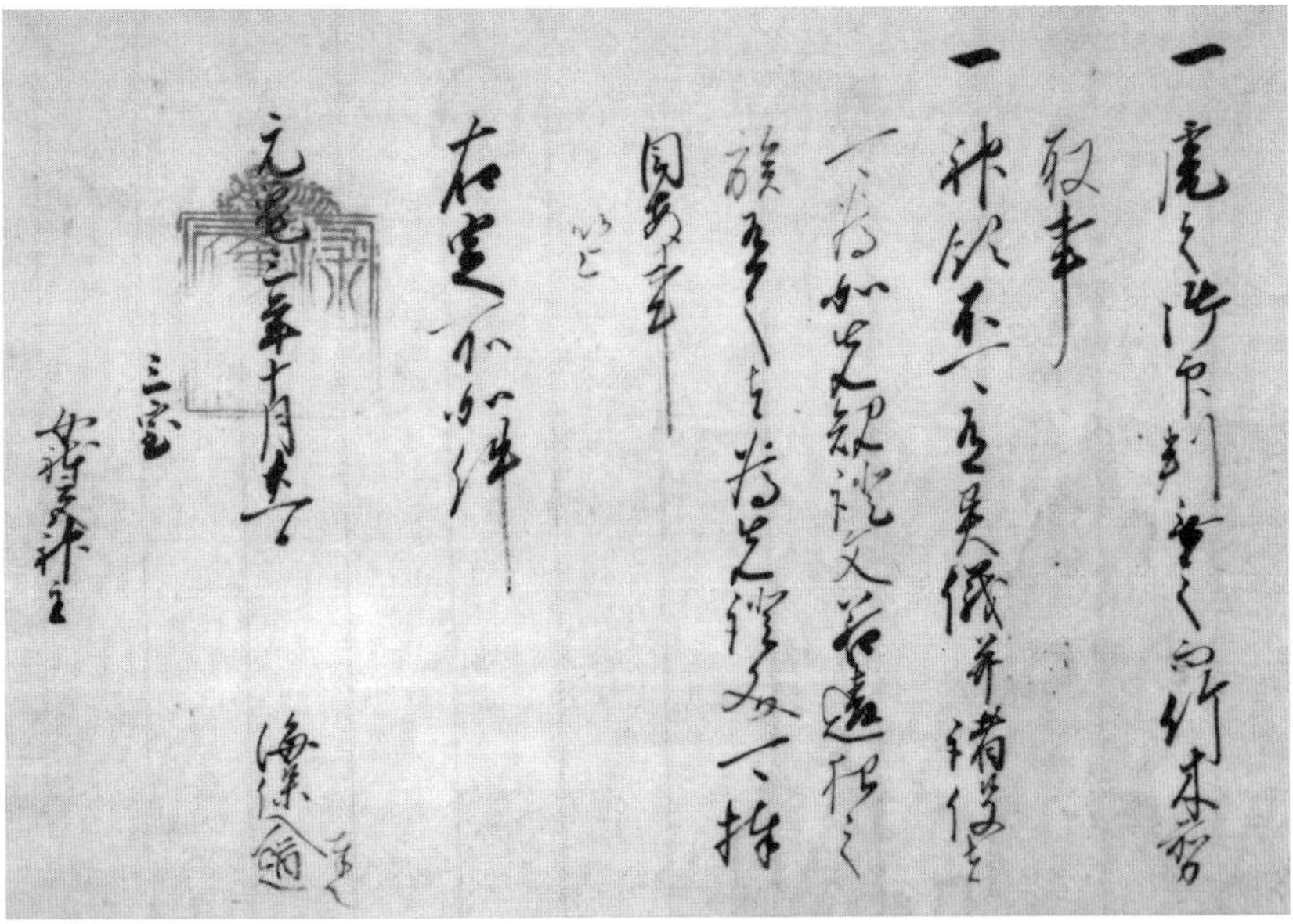

元亀３年北条氏印判状

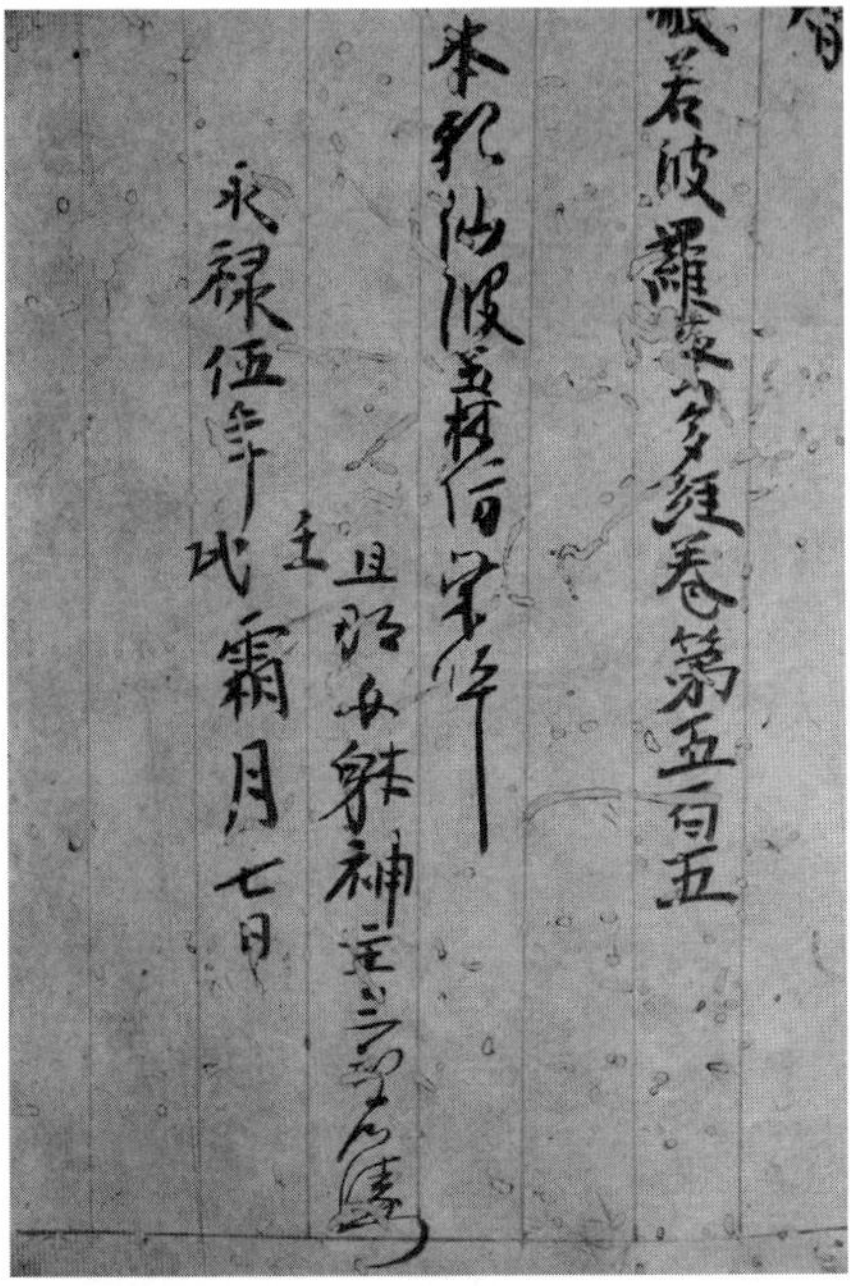

大般若経巻 505（「女躰神主三郎右衛門」）

の大般若経《だいはんにゃきょう》に見える「女躰神主三郎右衛門」が最も早い時期のもので、永禄《えいろく》五年（一五六二）書写の巻に見えている。この「女躰神主三郎右衛門」が佐伯氏と関係があるのか、また、その後に続く武笠家と血縁関係にあるのかについては明らかではない。

江戸時代になって、四代将軍徳川家綱の本殿造営時の神主が宮内丞豊雄であり、社蔵の棟札《むなふだ》にもその名が見える。父右衛門尉武富、母会場《あいば》氏の娘加治の間に寛永九年（一六三二）三室郷で生まれ、幼名を長三郎、

旧武笠神主家墓地（中央後方が武笠豊雄の墓石）

成長してからは宮内を名乗り、老いては父の右衛門を称したという。正徳《しょうとく》二年（一七一二）の死後、「心涼院殿豊雄霊社」という神号が与えられて、橘三喜などとともに、武笠神主家の墓地に埋葬されている。

豊雄の次の神主武笠嘉隆は従五位下に叙せられ、丹波守に任じられている。従五位下丹波守という官位は、例えば幕末の下野《しもつけ》壬生《みぶ》藩（栃木県壬生町）三万石藩主鳥居忠挙と同じであり、小藩の大名並であったといえる。このほか、歴代の神主は年頭や将軍の代替わりなどに際して、江戸城白書院《しろしょいん》で将軍への拝謁が許されるほどの厚遇を受けていた。

武笠神主家の墓域にある墓石の銘文を検討していくと、江戸時代後期以降の歴代の神主の系譜が分かる。幸寧（寛政《かんせい》八年［一七九六］没）→幸貞（文化《ぶんか》十年［一八一三］没、丹波）→幸昌（文政《ぶんせい》十年没［一八二七］、外記、大内蔵）→幸重（天保《てんぽう》十四年［一八四三］没、右衛門尉）→幸美（明治十六年没、大学）→幸息となる。

明治以降は、埼玉県神社庁参事だった吉田憲勝氏が宮司に就任し、以来吉田家が勤めている。

二　能書家の「武蔵國一宮」額

江戸時代、関思恭《せきしきょう》という有名な書家がいた。各地の寺社がその書を求めており、関思恭は多忙を極めていた。そんな有名な書家の手になる額が氷川女體神社にもある。関思恭とはどんな人物で、どこにその書を残し、なぜ氷川女體神社にもあるのか。神社側の思惑も探っていきたい。

●売れっ子の書道家関思恭

氷川女體神社拝殿に、金文字で「武蔵國一宮」と大書され、左側に「東都鳳岡関思恭拝書」と記されている額がある。いつ造られたものかは不明ではあるが、関思恭という人物が書をしたためたことになる。

この関思恭という人は江戸時代の有名な書家で、元《げん》禄《ろく》十年（一六九七）水戸で生まれている。若くして江戸に出て、当代一の書家といわれた細井広沢《ほそいこうたく》の教えを受け、五〇〇〇人もの門弟を抱えるなど書家として名声をはせた。寺社などの依頼で額を揮毫《きごう》することも多かったらしく、今でも多くの寺社にその書を見ることができる。さいたま市内では中央区本町東の氷川神社の額「正一位氷川大明神」、他県では群馬県太田市の冠稲荷神社拝殿「稲荷大明神」額、千葉県東金市本松寺「木刀塚《ぼくとうづか》の碑」、茨城県かすみがうら市の文殊院山門「豊森山」額、栃木県大子町法龍寺の「如信《にょしん》上人之墓」、東京都新宿区常圓寺の「南無妙法蓮華経」塔、東京都港区亀塚公園の「亀山碑」、東京都台東区浅草の駒形堂「戒殺碑《かいさつひ》」、三重県松阪市の「忘井之道《わすれいのみち》」碑などが

本町東氷川神社「正一位氷川大明神」額

関思恭肖像画

「武蔵国一宮」額

関思恭書『詩経』の文字

知られ、非常に多くの作品を残している。おそらく売れっ子の書家だったのであろう。

龍ヶ崎市の木村家には関思恭が出した一通の書簡があるという。木村家から揮毫を頼まれていたのであるが、時間がないので、しばらく待ってほしいとの内容である（木村家文書）。それほどの売れっ子書家関思恭の揮毫した額が、氷川女體神社拝殿に掲げられた。

関思恭は特に草書を得意として「草聖」と呼ばれたが、残されている書体を見ると、楷書や行書、隷書など何でもある。ここで、氷川女體神社拝殿の額と、関思恭書の『詩経』の文字を比べてみよう。両者に共通して見られたのは「武」「國」「宮」の三文字であり、右に示したのが『詩経』、上が氷川女體神社拝殿の額である。関思恭の文字の特徴がよく分かる。

さて、関思恭が残した多くの碑の年代は、すべてが判明するわけではないが、「忘井之道」碑が宝暦《ほうれき》元年（一七五一）、「木刀塚の碑」が宝暦四年、「戒殺碑」が宝暦九年、「南無妙法蓮華経」塔が宝暦十年、そして「如信上人之墓」が死後の明和《めいわ》三年（一七六六）となっている。先に紹介した龍ヶ崎市の木村家には関思恭書の宝暦三年の宝篋印塔《ほうきょういんとう》の存在も知られ、関思恭の作例は宝暦年間～明和年間に集中していることが分かる。

●関思恭に依頼した目的

推測でしかないが、氷川女體神社の「武蔵國一宮」の額もその頃造られたものかもしれない。氷川女體神社ではその頃、社殿修復のためにいろいろな努力をしている。江戸・湯島天神で出開帳《でがいちょう》を行ったり、修復のためとして、金五〇〇〇両の拝借願いを寺社奉行所に提出したりしており、氷川女體神社が社殿修復のため、いかにこの時期苦心を重ね、なりふり構わず資金調達に奔走していたかが窺われる。そんな時期に、この額は掲げられたのであろう。しかも、当代一流の書家の手になる額であった。金箔で覆われた当代一の関思恭の額を拝殿に掲げることにより、氷川女體神社に付加価値を付け、できるだけ多くの資金集めをしようとした姿を見ることができないだろうか。

ともかく、関思恭は明和二年に没し、文京区小石川の称名寺に埋葬された。立地条件から墓石側面の文字は判読できないが、「敬得院　釈則善大居士　明和二乙酉《きのととり》年十二月廿九日」（『遊歴雑記』）と記されているという。氷川女體神社の額の揮毫が宝暦年間頃とすれば、氷川女體神社の額を揮毫してからまもなく関思恭は没したことになる。

関思恭墓石

三　柳剛流剣術と奉納額

かつて、北辰一刀流という剣術の流派よりも関東で盛んだった流派に「柳剛流《りゅうごうりゅう》」というのがある。脛《すね》を斬ることを最大の攻撃方法とする一風変わった流派「柳剛流」で研鑽を積んだ人たちが、氷川女體神社を始めとする各地に奉納した額について解説していきたい。

●柳剛流という剣術

江戸時代に流行した剣術の流派の一つに柳剛流がある。その元祖岡田惣右衛門寄良は、明和《めいわ》二年（一七六五）武蔵国惣新田村《そうしんでんむら》（幸手市）の生まれで、文政《ぶんせい》九年（一八二六）に没している。剣術だけではなく、薙刀《なぎなた》、居合《いあい》なども会得し、それらの極意を総合して柳剛流を編み出したという。その特徴は脛を斬ることを最大の攻撃方法とも防御の手段ともしていることで、そのために、稽古の際には「脛当て」を使用したという。

ほかの剣術の流派では、「免許」や「皆伝《かいでん》」を受けるまで多くの段階を経なければならないのに対して、柳剛流では簡略化されていたため多くの門弟が育成され、各地に散った門弟たちはそこで道場を設置し、それぞれ新たに支流を開設している。埼玉県内だけを見ても、松田源吾義教（杉戸町出身）による松田派以外に、今井派、林派、中山派があり、そこからそれぞれ多くの支流や分派が発生し、岡田派（岡田十内叙吉、戸田市）、岡安派（岡安貞助正明、幸手市）、深井派（深井源次郎、旧浦和市）、飯箸派、高橋派などが出現したという。

幕末の関東地方の剣術家名鑑である『武術英名録《ぶじゅつえいめいろく》』という記録によると、関東における剣術家の総人数六三三三名のうち柳剛流が一四九名でトップ、二位が北辰一刀流の一三六名だった。つまり、柳剛流は関東地方で最も盛んな剣術の流派だったことが分かる。さいたま市内に関係する人名として、岡安派に岩槻太田の福沢半兵衛、慈恩寺の深井伝内と小島権十郎、徳力の新井（荒井）藤吉郎、深井派に武州一宮の岩井兵部と井上周太郎、大崎の高橋金之進、上野田の深井源次郎、代山の厚沢章太郎、流派不明者として、中川に小山左衛門、岩槻鹿室に新井瀧之助、新井慎次郎、新井忠兵衛の名が見える。岩槻区や大宮区、見沼区、緑区に集中しており、市域の東側で盛んだったことが分かる。

●各地に残る柳剛流の奉納額

この柳剛流に関する奉納額が国内に四面残されていることが知られている。継松寺（三重県松阪市職人町）と観音院（春日部市小淵）、羽盡《はぞろ》神社（川口市芝）、氷川女體神社の四面だが、これ以外にも、三重県玉城町の個人所蔵資料として、奉納額の写しが存在するといわれている。

　このうち、春日部市の観音院のものは、本堂の長押《なげし》に掲げられている。松田派の松田義教が奉納したものだが、光や風雨に晒されていたためか、文字が消

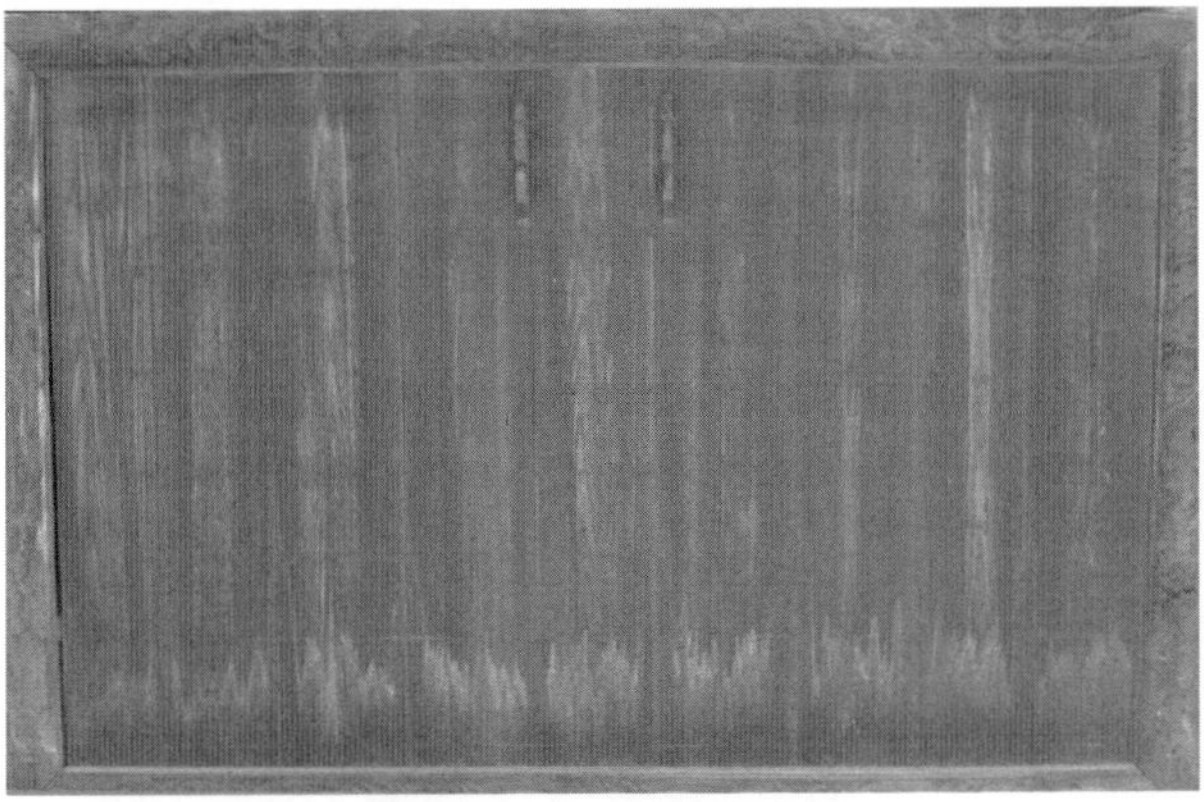

春日部市小淵・観音院奉納額

川口市芝・羽盡神社奉納額

え、銘文がまったく読めない。かつて筆記した記録があるが、難解な用語で、意味がはっきりとは理解できない部分がある。大きさは計測不能。木刀二本分の刀掛けがあるが、木刀自体はなくなっている。

　羽盡神社のものは拝殿内に掲げられている。縦八四・五センチ、横一五二センチ。万延《まんえん》元年（一八六〇）、戸田の岡田十内《おかだじゅうない》による岡田流の奉納。岡田十内以外に八名の名前が見えるが、姓はいずれも地元の芝地区のものという。五本の木刀が掛けられる刀掛けがあるが、木刀自体は失われている。

　岡田十内は、寛政《かんせい》六年（一七九四）、下戸田村の医師岡田静安の長男として生まれ、若くして江戸に出て、今井派の今井右膳祐行、後に岡田惣右衛門寄良について柳剛流を学んだといわれ、江戸に道場を開く。諸藩士や町人の入門者が多く、大名の江戸屋敷にも指導に行った。また、下戸田村にも道場を設け、近隣の村々から門人が集まったという。

　幕末の二三年間にわたる岡田十内の門弟帳には、約一〇〇〇名近い門弟の名とその出身地、入門日が記されている。このうち、さいたま市内出身者と思えるものを抜き出すと、弘化《こうか》三年（一八四六）に深井源次郎（出身地の記載はない）、安政《あんせい》三年（一八五六）に中尾村の星野音三郎と大谷口村の野口徳太郎、元治《げんじ》元年（一八六四）に武蔵国大宮の岩井主水宅勝の名前が見えるほか、安政三年の中尾村の星野音三郎の入門と同日に「中尾郷」の星野左治馬の名があり、中尾村出身とも考えられる。また、嘉《か》永《えい》七年（一八五四）には、小谷野専太郎や野尻清次郎の名が見えることから（いずれも出身地の記載はない）、幕末には浦和東部地域で岡田派が

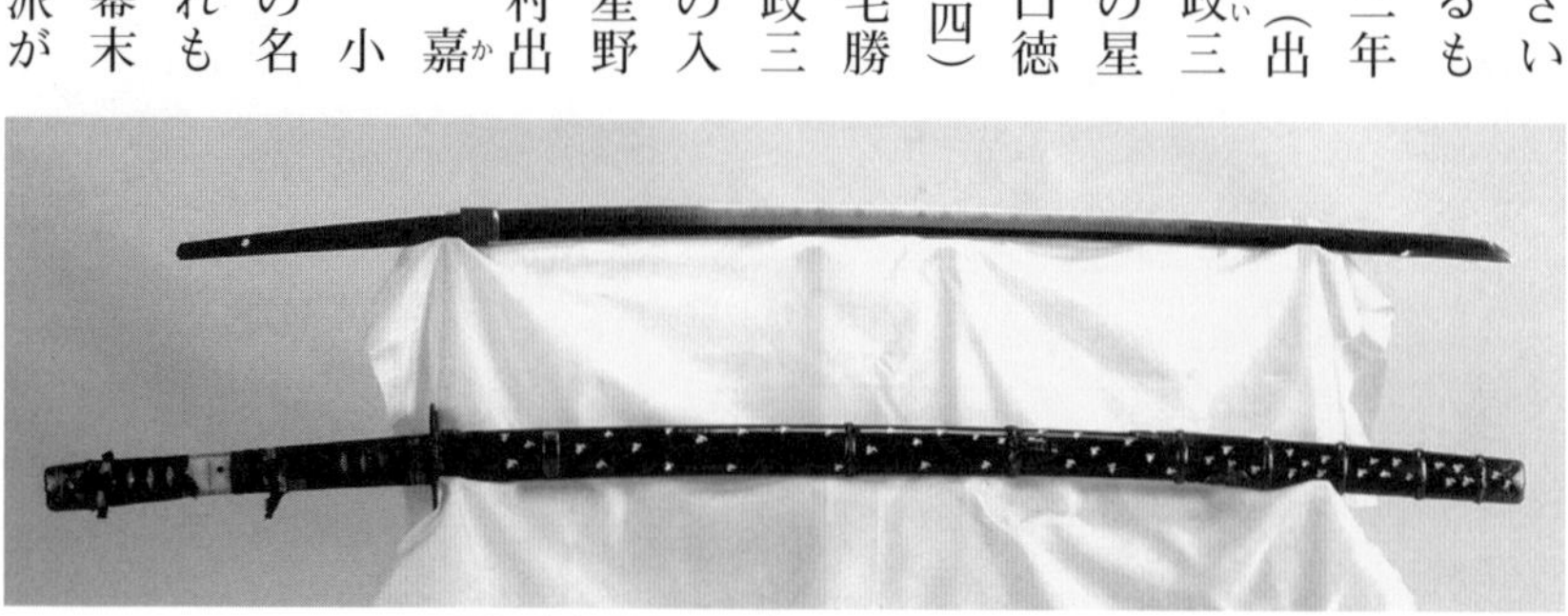

岡田十内愛用の刀（戸田市立郷土博物館）

栄えたと考えられる。

なお、戸田市立郷土博物館には岡田十内愛用の刀などが残され、「柳剛流岡田十内関係資料」として市指定文化財となっている。

●氷川女體神社に残る柳剛流の奉納額

氷川女體神社のものは縦九二センチ、横一二一センチで、大正二年五月の奉納。柳剛流元祖として岡田寄良の名前のほか、松田派を伝える綱嶋《つなしま》家五名の名を右に書き、門人として六〇名の名前の他、幹事として一二名、発起人として三名が記されている。松田派は、松田源吾義教を祖とし、綱嶋武右衛門元治の後、綱嶋猪吉元俊、綱嶋喜助元教（大正四年没）、綱嶋俊平元光（昭和七年没）、星野家に入婿の星野清十郎（昭和三十年没）、綱嶋猪吉光隆（昭和五十一年没）、綱嶋竹治と伝えられた。門人には星野、比留間、石井、都築、梓、大熊、増田といった旧三室村に多い姓以外にも、磯部、岡村、白子、蓮見、篠原などといった名前が記されており、松田派が三室・尾間木地区に広まっていたこと

氷川女體神社奉納額

柳剛流元祖
岡田惣右衛門尉源寄良　綱嶋喜輔源元教
綱嶋武右衛門尉源元治　綱嶋俊平源元光
綱嶋猪吉源元俊　綱嶋猪吉源光隆

奉

門人
星野猪十郎　原田貞次　岩沢正治
高橋喜左衛門　弓削田政吉　綱嶋三五
椚川久五郎　谷場浜吉
鈴木市蔵　井上光之助
吉沢陸太郎　増田久太郎　幹事（イロハ順）
比留間紋次郎　内田堅次　磯部美作
同　友次郎　増田敏光　星野領吉
原田金次郎　笠原信三郎　星野勝一
綱嶋多十郎　岡村豊作　岡村豊作
都築進之丞　島根岩之進　高橋直吉
仝　貞六　清水八郎　都築助太郎
仝　助太郎　岡村勝五郎　山崎利右衛門
吉川儀助　仲田芳松　駒崎寿作
秋山冨太郎　篠原操太　井上光之助
石井彦右衛門　山崎長松　島根一郎
駒崎寿作　岡村誠一　比留間紋次郎
星野領吉　山田教治　森田重平
山田正一郎　磯部正作
山崎利右衛門　白子仲次郎
関野伊八　篠原陸太郎
斎藤三次郎　磯部季吉
星野勝一　中村義宗　発起人
仝　清十郎　蓮見秀政　吉沢陸太郎
磯部美作　比留間周吉　比留間友次郎
渡辺三郎　島根一郎　鈴木市蔵
高橋直吉　内田平吉
森田重平　綱嶋隆吉
梓幸次郎　大熊寿彦
須賀彦造　岡村定吉

献

村長　武笠銀介
都築郡次郎
武笠伊八
氏子総代
星野倉之丞
山崎清次郎
比留間鎌三
大熊慶之助
浅香啓助
大日本武徳会剣道教士　高野　茂義
大正二年五月　正八位物部福臣謹書

氷川女體神社柳剛流奉納額銘文

が分かる。ここに記される人名は、綱嶋家の道場に通っていた人たちと推測される。

左端に記される「大日本武徳会剣道教士　高野茂義」は、埼玉県警察本部武術教授を務め、県内に多くの剣道場「明信館《めいしんかん》」を創設した、県内で最も有名な剣士高《たか》野《の》佐《さ》三郎《さぶろう》の養子となった人物である。また、「物部福臣」は、明治元年に大宮氷川神社禰宜《ねぎ》に補された東角井福臣（角井駿河）である。

この奉納額からは、明治～大正年間に、綱嶋家を中心として三室や尾間木地区で松田派が隆盛し、非常に多くの門人を集めていたことが窺われる。

四　文部省唱歌「案山子」と武笠三

年配の方なら誰でも知っている文部省唱歌「案山子《かかし》」。その歌の作詞者は、氷川女體神社の神主家出身の武笠《むかさ》三《さん》という人物である。この武笠三の人物像や「案山子」のできるまでを追っていきたい。

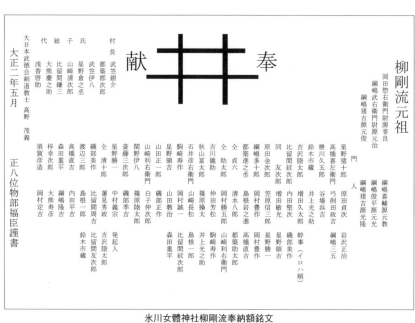

●山田の中の一本足の案山子

見沼代用水路を挟んで、氷川女體神社の向かい側に見沼氷川公園がある。その一角に、台座に「唱歌「案山子」発祥の地」と書かれた案山子像と、金田一春彦《きんだいちはるひこ》氏の書になる「案山子」の歌詞碑が建っている。「案山子」は明治四十四年に『尋常小学校唱歌（第二学年用）』に発表されたもので、その作詞者は武笠神主家出身の武笠三といわれており、それを顕彰してのものである。

見沼氷川公園の案山子の像

♪山田の中の一本足の案山子
　天気のよいのに蓑笠着けて♪

で始まる「案山子」の歌詞は、水田地帯にひっそりと一人で立つ秋の案山子の様子を謳ったものである。武笠三はこのほかにも、♪雪やこんこ　あられやこんこ♪の「雪」、♪出てこい出てこい池の鯉♪の「池の鯉」などの唱歌を作詞したという。これらの唱歌は、豊かな水田地帯で、秋には稲穂が垂れ、冬には雪が積もる農村風景の四季を見事に謳い上げており、その情景は三室村出身武笠三の、幼い日の記憶に刻まれた見沼田んぼの様子だといわれている。「案山子」の歌は「児童に田園生活の興味を与へ、快感を与ふるが目的」（『文部省編尋常小学唱歌教材解説』第二編）とされているが、見沼田んぼの様子は格好の風景であったのであろう。

●武笠三の人物像

武笠三の主な履歴を探ってみると、次の頁の表のようになる。

明治四年、武笠三は氷川女體神社神主家に生まれ、

年 月 日	出来事・所属等	俸 禄	位勲等	住 所	出 典	参 考
明治 4.1.6	出生					
明治 28.3.26	東京帝国大学文科大学国文科卒業					
明治 28.4.25	東京府尋常師範学校教諭				辞令	
明治 29.2.28	ひろと結婚					ひろは、神田駿河台の太田姫稲荷神社神官栗原拾とやいの長女（明治7年生）
明治 30.9.8	真宗京都中学校教授				辞令	
明治 31.8.21	第四高等学校教務				辞令	
明治 33.12.10	埼玉県第一中学校教諭				辞令	
明治 36.9	第七高等学校造士館教授に着任					
明治 39.6.29	高等学校大学予科入学者選抜試験委員				辞令	
明治 41	文部省文部編修	六級俸			11月4日付け官報	10月31日付け発令
明治 42	文部省図書課文部編修	七等六級	正七	北豊、滝野川大字田端四五六	『職員録』	
明治 43	文部省図書課図書審査官	六等五級	正七	北豊、滝野川大字田端四五六	『職員録』	
大正元.12.28	文部省視学官				辞令	
大正 2	文部省普通学務局図書官	六等四級	従六	北豊、滝野川大字田端三三八	『職員録』	
大正 8	文部省図書課図書官	四等三級	正六勲六	北豊、滝野川大字田端六三七	『職員録』	
	教科用図書調査委員会委員				3月4日付け官報	主査委員ヲ命ス
						第三部員ヲ命ス
						起草員ヲ命ス
大正 8.9.1	文部省図書事務官兼文部省図書官				辞令	
大正 10.12.5	図書局第一課長				辞令	
大正 13.12.10	依願退職				辞令	
大正 13.12.27	正五位				辞令	
昭和 4.3.18	死去					

武笠三の経歴　出典の明記のないものや「辞令」としてあるのは、河野純徳著『鹿児島における聖書翻訳―ラゲ神父と第七高等学校造士館教授たち―』による。

武笠三

七歳で三室小学校に入学している。飛び級をし、秀才の評判が県下に高かったが、毎日家にこもって机を友としていたので、丈は伸びずに五尺で止まり、徴兵検査は丙種だったという。一四歳の時に東京へ出て、神田淡路町にあった共立学校（現開成高校）を経て、明治二十八年に東京帝国大学文科大学国文科を卒業し、その年の四月に東京府尋常師範学校教諭を皮切りに、真宗京都中学校教授、第四高等学校教務、埼玉県第一中学校教諭、第七高等学校造士館《ぞうしかん》教授を歴任している。明治四十一年に文部省に移るまで、鹿児島に在住していたものと思われる。

その間、明治三十八年頃、ベルギー人司祭ラゲが鹿児島県山下町教会在任中に『新約聖書』の完訳を行ったが、それを当時の第七高等学校の武笠三らが添削して後に刊行されている。それこそが、日本カトリック教会における確実な新約聖書の全訳の最初のものであるが、武笠三の関与は、おそらくその持つ国語力を買われてのことと思われる。

●文部省唱歌「案山子」ができるまで

明治四十一年、武笠三は文部省に勤務する。在職中は東京田端に居を構え、図書審査官や図書官、第一課長という役職を歴任する。武笠三が唱歌に関わるのは、明治四十二年からのようで、この年の六月に発足した小学唱歌教科書編纂委員会の一人として名を連ねている。編纂委員会は計一三名で構成されていたが、武笠三を除く一二名はいずれも東京音楽学校の関係者であった。

三室・宿「神明宮」碑

『東京芸術大学百年史』の「小学唱歌教科書編纂日誌」には、日ごとに会議の議題や編纂過程、委員の出欠席状況、どの楽曲を審査したかなどが細かく記載されている。会議はほぼ毎週のように開催され、歌詞委員会と楽曲委員会に分かれていた。土曜日の開催が多かったが、武笠三は「本務多忙のため」欠席という記述が目立つ。そんな中にあって、明治四十二年十二月十八日の会議で「左ノ歌詞及楽曲ヲ修正ノ上決定」とある中に、「案山子」が見えている。おそらく、この時に、唱歌「案山子」が正式に誕生したものと思われるが、「委員長及各委員出席」とあることから、武笠三も出席していたのであろう。

晴れて、明治四十四年六月発行の『尋常小学唱歌』第二学年用に「案山子」が掲載され、昭和時代の『新訂尋常小学唱歌』第二学年用に引き継がれている。そこには、他の唱歌と同様に作詞者、作曲者の名前は記されていない。戦後の昭和二十二年になって、『二ねんせいのおんがく』にも「案山子」は登場するが、作詞作曲不明と記され、結局、「案山子」の作詞者が武笠三であることは、教科書の上ではついに明記されなかったようである。

緑区三室宿の「神明宮」石碑の裏や氷川女體神社境内にある「伊勢参宮大々御神楽奏行記念碑」などに武笠三の書が残されている。達筆であるとともに、几帳面さを窺わせる筆跡である。

■参考文献

第一部　大宮氷川神社

Ⅰ　氷川神社の歴史

一　いにしえの時代の氷川神社

森田悌『武蔵の古代史』さきたま出版会　二〇一三年
「氷川神社遺跡」『さいたま市遺跡調査会報告書』第一六二集　二〇一五年
「氷川神社東遺跡・氷川神社遺跡・B－一七号遺跡」『大宮市遺跡発掘調査会報告』第四二集　一九九三年
「西角井従五位物部忠正家系」西角井家文書『大宮市史』第二巻　一九七一年

二　二間社の氷川神社

明治三年「大宮組合神社細詳取調帳」西角井家文書　埼玉県立文書館収蔵
細谷祥大「さいたま市中山神社に関する研究－放射性炭素年代測定法を利用して－」『平成二十三年度芝浦工業大学伊藤建築史研究室卒業論文』
西角井正慶『古代祭祀と文学』中央公論社　一九六七年

三　徳川家康から与えられた三〇〇石の社領

『新抄格勅符抄』新訂増補国史大系第二七巻　吉川弘文館　一九六五年
仙石鶴義「氷川神社領の配当について」『与野市史調査報告書』第七集　一九八五年

四　境内整備の変遷

「武蔵国一宮氷川神社書上」『埼玉叢書』第三巻　国書刊行会　一九七〇年
寛政二年「武蔵国一宮氷川神社宮中絵図面」西角井家文書　埼玉県立文書館収蔵
「氷川大宮祭神之事」東角井家文書

『一宮巡詣記抜萃』神祇全書第二輯　皇典講究所　一九〇八年
井上智勝「氷川内記の時代‐神道史における十七世紀中後期の位置」『さいたま市立博物館第四十一回特別展「氷川神社」展示図録』二〇一七年
天和三年「武州一宮氷川絵図」岩井家文書
元禄十二年「社論裁許状」東角井家文書
元禄十四年氷川大明神本地聖観音堂棟札　さいたま市立博物館収蔵
明治四年「景境相定候絵図面写」氷川神社文書
明治八年「公文附属の図」国立公文書館所蔵
明治十三年「官幣大社氷川神社再建ノ件」氷川神社文書
「官国幣社建物制限図」国立公文書館所蔵
磯俣祐介「武蔵国一宮氷川神社の研究‐近代における主要建物の復元を中心として‐」『平成二十二年度芝浦工業大学伊藤建築史研究室卒業論文』
『官幣大社氷川神社御親祭五十年奉斎録』官幣大社氷川神社御親祭五十年祝祭奉斎会　一九一八年
「氷川神社大鳥居再建工事落成届」『埼玉県行政文書』埼玉県立文書館所蔵
沼田尚道「氷川神社の鳥居移設について」『大宮の郷土史』第三十七号　二〇一八年

五　社殿の修復とリサイクル

「本所弁才天富興行執行場所絵図」西角井家文書　埼玉県立文書館収蔵
『官幣大社氷川神社由緒調査書』氷川神社所蔵
『官幣大社氷川神社明細書』氷川神社所蔵
佐藤穂奈美「武蔵国一宮氷川神社の研究‐旧本殿三社と境内変遷‐」『平成二十二年度芝浦工業大学伊藤建築史研究室卒業論文』
青木義脩、野尻靖「最近調査のさいたま市周辺神社本殿について」『さいたま市博物館研究紀要』第三集　二〇〇四年
『明治神宮御写真：附・御造営記録』帝国軍人教育会　一九二〇年

六　氷川神社と社僧

天正二十年「御検地水帳大宮之村」小島民雄家文書
元禄七年「武州一宮氷川大明神絵図」岩井家文書
天和三年「武州一宮氷川絵図」岩井家文書
元禄十四年氷川大明神本地聖観音堂棟札　さいたま市立博物館収蔵
元禄十二年「定」西角井家文書　『大宮市史』第三巻中　一九七八年
年未詳「無住寺取調」西角井家文書　『埼玉県立文書館収蔵文書目録』第二〇集「付録」
戊年「口上覚」西角井家文書　『埼玉県立文書館収蔵文書目録』第二〇集「付録」

七　明治天皇と氷川神社

「神主日記」『大宮市史』資料編二　一九七七年
『川島町史』通史編下巻　二〇〇八年
明治元年「一宮社中絵図面」岩井家文書
明治元年「行幸記」東角井家文書　『大宮市史』資料編三　一九九三年
明治二十二年「氷川神社行幸絵巻」氷川神社所蔵
錦絵「東京名勝本郷之風景」さいたま市立博物館所蔵
明治三十三年「武蔵国官幣大社氷川神社行幸之図」さいたま市立博物館所蔵
明治元年「御東幸御供奉御行列附」国立国会図書館所蔵
「東巡日誌」御用御書物所　国立国会図書館所蔵
下村克彦「元年行幸と『氷川神社行幸絵巻』」『さいたま市博物館研究紀要』第一集　二〇〇二年
「明治三年行幸日記」東角井家文書　『大宮市史』資料編三　一九九三年
明治三年「氷川神社行幸親拝道順図」さいたま市立博物館所蔵

八　明治維新と神主家

「神主日記」『大宮市史』資料編二　一九七七年
「年中諸用日記」『大宮市史』資料編三　一九九三年

「北足立郡大宮町御小休所（岩井宅道方）」『埼玉県史蹟名勝天然紀念物調査報告』第二輯　埼玉県　一九二四年
「平山省斎年譜草案及著作」国立公文書館所蔵
徳永暁「教導職期における神社の活動―大宮氷川神社と周辺神社の活動を中心に」『国士舘史学』第一九号　二〇一五年
「氷川神社宮司平山省斎氷川神社再建費献納ニ付賞与ノ件内務省へ上申」『埼玉県行政文書』埼玉県立文書館所蔵
明治二十三年「建言書」『埼玉県行政文書』埼玉県立文書館所蔵
「叙位裁可書」国立公文書館所蔵

Ⅱ　石造物と参道

一　能書家佐々木文山

明治十四年「官幣大社氷川神社御改造宮殿分間真図」埼玉県立文書館収蔵
青木忠雄「武蔵一宮氷川神社境内の近世石造物と石工」『氷川神社の歴史と四季』大宮郷土史研究会　一九八四年

二　能書家平林可儀

南川維遷「閑散餘録」『少年必読日本文庫』第一編　博文館　一八九一年

三　石造物と石工

「武蔵一宮氷川神社境内石造遺物の調査」『氷川神社の歴史と四季』大宮郷土史研究会　一九八四年
「続・武蔵一宮氷川神社境内石造遺物の調査」『大宮の郷土史』第九号　一九八六年
齋藤健司「忘れられた書家佐々木文山」『歴史研究』四八一〇　二〇〇六年
織本重道「武蔵一宮氷川神社案内1」『大宮の郷土史』第三十七号　二〇一八年
栗原信充画『肖像集』三　江戸後期　国立国会図書館所蔵
秋池武『近世の墓と石材流通』高志書院　二〇一〇年
吉原健一郎「江戸の石問屋仲間」『三浦古文化』第三十一号

四　参道の変遷

『中山道浦和大宮宿文書』埼玉県立浦和図書館　一九七五年
「氷川神社と大宮公園」『日本の名勝』科外教育叢書刊行会　一九一八年

『氷川参道の樹木調査』氷川の杜まちづくり協議会　二〇〇五年
「氷川神社社叢調査報告」『大宮市文化財調査報告』第三十四集　一九九四年

Ⅲ　祭祀と儀式

一　大湯祭

「年中諸用日記」『大宮市史』資料編三　一九九三年
至徳二年「武蔵州足立郡大宮氷川大明神縁起之書」『埼玉叢書』第六巻　一九七二年
元禄十二年「武州足立郡中川村氷川之絵図」岩井家文書
「武蔵志」『新編埼玉県史』資料編一〇　一九七九年
天和三年「武州一宮氷川絵図」岩井家文書
宝永四年「武州一宮氷川大明神年中行事古法」東角井家文書　『大宮市史』第三巻中　一九七八年
享保六年「口上書ヲ以申上候」西角井家文書　埼玉県立文書館収蔵
馬場直也「大湯祭―祭祀の概要と変遷」『儀礼文化』第五号　二〇一七年

二　夏越の祓

「神主日記」『大宮市史』資料編一　一九七五年
「神主日記」『大宮市史』資料編二　一九七七年
文政年間「氷川神社年中行事」東角井家文書　『大宮市史』資料編一　一九七五年

三　雨乞

「神主日記」『大宮市史』資料編一　一九七五年
「神主日記」『大宮市史』資料編二　一九七七年
高谷重夫『雨乞習俗の研究』法政大学出版局　一九八二年
野尻靖「浦和における雨乞い儀礼の諸相」『浦和市博物館研究調査報告書』第二十七集　二〇〇〇年
野尻靖「近世南武蔵農村地域の雨乞いと大山阿夫利神社」『さいたま市博物館研究紀要』第一集　二〇〇二年

第二部　氷川女體神社

Ⅰ　氷川女體神社の歴史

一　神社の創建と見沼

年不詳「由緒書」旧武笠神主家文書　『浦和市史』近世資料編Ⅳ　一九八五年

二　関東地方の「女体社」

牛山佳幸「女人上位の系譜 - 関東地方の女体社の起源と性格」『【小さき社】の列島史』平凡社　二〇〇〇年

「南鴻沼遺跡（第三分冊）」『さいたま市遺跡調査会報告書』第一七七集　二〇一七年

森田悌「氷川神社と中氷川・氷川女体神社」『埼玉史談』第五十二巻第三号（通巻第二八三号）二〇〇五年

三　三鱗紋兵庫鎖太刀と北条氏

原田一敏「「兵具鍮太刀」について」『MUSEUM』第三〇八号　一九七六年

四　氷川女體神社と大般若波羅蜜多経

野尻靖「氷川女體神社所蔵大般若経の成立過程」『埼玉地方史研究』第五二号　二〇〇四年

加増啓二「三室女体社大般若経の成立について—本願主をめぐる通説への問題提起」『さいたま市博物館研究紀要』第二集　二〇〇三年

五　氷川女體神社と社僧文殊寺

「北足立郡寺院明細帳」『さいたま市史料叢書』四　二〇〇五年

六　女体社から氷川女體神社へ

野尻靖「氷川女体神社に関する若干の考察—社名の変遷を中心に—」『浦和市史研究』第二号　一九八七年

七　徳川家康からの五〇石の社領寄進

年不詳「三室村寺社方御朱印地并御除地書上ケ之覚」関野家文書　『浦和市史』近世資料編Ⅳ　一九八五年

「武蔵国一宮女躰簸川明神諸事控」大熊家文書　『浦和市史』近世資料編Ⅰ　一九八一年

八　四代将軍徳川家綱の社殿造営と修復

戌六月「例書」旧武笠神主家文書　『浦和市史』近世資料編Ⅳ　一九八五年

「氷川女体神社社殿」『浦和市文化財調査報告書』第二一集　一九七六年
三輪宝子・渡辺洋子「氷川女體神社の社殿造営に関する一考察」『日本建築学会計画系論文集』第七八巻 第六九四号　二〇一三年
明和四年「武州一宮女躰宮御由緒書」大熊家文書『浦和市史』近世資料編Ⅳ　一九八五年
滝口正哉著『江戸の社会と御免富―富くじ・寺社・庶民』岩田書院　二〇〇九年
角田史雄「氷川女体神社の震害所見」二〇〇六年
『埼玉県指定有形文化財氷川女體神社社殿保存修理工事報告書』二〇一三年

九　石造物と二つの参道

「氷川女体神社への道‐女体宮めざして」『あかんさす（浦和市立郷土博物館館報）』六九号　一九九九年

Ⅱ　祭祀と伝説

一　見沼と御船祭

「氷川女体神社神輿」『埼玉県指定文化財調査報告書』第九集　一九七三年
東京国立博物館、九州国立博物館『国宝　大神社展』展示図録　二〇一三年
「四本竹遺跡」『埼玉県埋蔵文化財調査事業団報告書』第一二二集　一九九二年

二　見沼の干拓と磐船祭

享保十二年「御船祭相移候訳」旧武笠神主家文書『浦和市史』近世資料編Ⅳ　一九八五年
『氷川女体神社磐船祭祭祀遺跡発掘調査報告書』一九八一年
「武蔵国一宮女躰簸川明神諸事控」大熊家文書『浦和市史』近世資料編Ⅰ　一九八一年

三　名越の祓

『埼玉県神社特殊神事』埼玉県神職会　一九二一年
『三重県下の特殊神事』三重県神職会　一九三八年
『大阪府官幣社現行特殊慣行神事』大阪府　一九三〇年
平田久『宮中儀式略』民友社　一九〇四年
「氷川女体神社の名越祓え」『浦和市文化財調査報告書』第三〇集　一九八六年

四　見沼と竜神伝説

『見沼と竜神ものがたり』さいたま竜神まつり会　二〇〇八年

Ⅲ　神社をめぐる人々

一　神主家と神道家橘三喜

小倉均「橘三喜」『うらわ文化』一二八号　浦和郷土文化会　二〇一六年
『一宮巡詣記抜萃』神祇全書第二輯　皇典講究所　一九〇八年
稲村坦元『武蔵史料銘記集』東京堂出版　一九六六年
明和四年「武州一宮女躰宮御由緒書」大熊家文書　『浦和市史』近世資料編Ⅳ　一九八五年

二　能書家の「武蔵國一宮」額

藤村潤一郎「一つの宝篋印塔―「木村家文書」の整理を終えて―」『史料館報（国文学研究資料館）』第三二号　一九八〇年
釈敬順『遊歴雑記』初編二　東洋文庫五〇二

三　柳剛流剣術と奉納額

山本邦夫「浦和における柳剛流剣術」『浦和市史研究』第二号　一九八七年
山本邦夫『埼玉県剣客列伝』遊戯社　一九八一年
「吉田村誌」『幸手市史調査報告書』第一〇集　二〇〇一年
大竹仁「柳剛流岡田十内門弟帳の研究」『戸田市立郷土博物館研究紀要』第七号所収　一九九二年

四　文部省唱歌「案山子」と武笠三

『文部省編尋常小学唱歌教材解説』第二編　広文堂　一九一二年
河野純徳『鹿児島における聖書翻訳―ラゲ神父と第七高等学校造士館教授たち―』キリシタン文化研究会　一九八一年
「カトリコス」『南山大学図書館カトリック文庫通信』第八号　一九九七年
鈴木治「明治中期から大正期の日本における唱歌教育方法確立過程について」神戸大学博士論文　二〇〇五年
日本大学文理学部資料館展示目録「武笠文庫の和書―日本文学を中心に―」二〇一〇年

◎資料提供者・協力者　（※敬称略、五十音順）

岩井隆興、岡田和志、島村芳宏、高橋淳子、西角井錦子、野中仁、馬場直也、武笠昇、渡辺洋子

大阪府立図書館、大宮郷土史研究会、大神神社（奈良県桜井市）、甲斐市教育委員会、国立公文書館
国立国会図書館、埼玉県立さきたま史跡の博物館、さいたま市アーカイブズセンター
さいたま市立浦和博物館、さいたま市立博物館、さいたま竜神まつり会、常説寺（山梨県甲斐市）
戸田市立郷土博物館、氷川神社（大宮）、氷川女體神社、満福寺

あとがき

大宮に住んでいる著者にとって、大宮氷川神社はいつも生活の中にある身近な存在である。新年の初詣に始まり、夏祭りでの神輿の渡御、そして年末の大湯祭などと、大宮氷川神社を参詣する機会は多い。愚息の七五三も当然、大宮氷川神社であった。著者の小学生の頃は、大湯祭の際には学校は短縮授業となり、午後は大宮氷川神社へ繰り出すのが楽しみだった。参道に並ぶ多くの露店でやきそばを買ったり、当たらない仕掛けになっていると後で気づくこととなるゲームに興じたりしていた。

しかし、大宮氷川神社の歴史と祭祀について、そう深く考えることもなく、ただ地元に存在する大いなる宮居に対する親近感だけで大宮氷川神社に接してきた。それでも、地域の歴史や文化財に若干なりとも関わる職場に身を置くことになって、大宮氷川神社に仕事として直接触れる機会が多くなり、大宮氷川神社の持つ歴史や祭祀、建築などについて改めて考え始めるようになった。

一方、浦和の氷川女體神社については、恥ずかしながら、社会人になるまでまったくその存在を知らなかった。今でこそ多くの参詣客を集めるようになったが、最初に訪れた時の印象は失礼ながら、「なんて寂れた神社なんだろう」だった。いつも多くの参詣客で賑わう大宮氷川神社を見ていたためか、一地方の小社としか思えなかった。ところが、この神社について調べていくうちに、その歴史や文化は大宮氷川神社に勝るとも劣らないことが分かってきた。文化財保護という仕事の面から、市内で最も多くの文化財を所有するこの神社の歴代宮司さんなどから多岐にわたるご指導もいただき、今では自分にとって最も身近な神社となった。

このように、私の身近な存在であるこの二つの神社の歴史や祭祀、文化について、これまでに纏めたり、考えたりしてきたことを整理して一冊にしたいと考え、さきたま出版会の星野和央会長に相談したところ、快くお引き受けいただいて出来上がったのが本書である。まだまだ調べきれていない点も多々ある。結局は分からず仕舞いの点も多々あるが、氷川信仰を考える上で極めて重要な存在であり、かつ、さいたま市の歴史と深い関わりを持つこの二つの氷川神社の歴史や文化を多くの方に知っていただければ幸いである。

二〇二〇年二月

野尻　靖

《著者略歴》

野尻　靖（のじり　やすし）

1958年　埼玉県生まれ

1976年　明治大学文学部史学地理学科入学

浦和市役所に入庁後、教育委員会文化財保護課、郷土博物館等に勤務

2018年　さいたま市教育委員会生涯学習部参事（文化財保護課長事務取扱）で定年退職

現在、さいたま市立博物館に勤務

著書『氷川女體神社』（さきたま文庫）　など

大宮《おおみや》氷《ひ》川《かわ》神社《じんじゃ》と氷《ひ》川《かわ》女體《にょたい》神社《じんじゃ》

その歴史《れきし》と文化《ぶんか》

二〇二〇年四月十日　初版第一刷発行
二〇二一年十月一日　初版第二刷発行

著　者　野《の》尻《じり》　靖《やすし》

発行所　株式会社さきたま出版会
〒336－0022
さいたま市南区白幡3－6－10
電話048（711）8041

ブックデザイン　星野　恭司

印刷・製本　関東図書株式会社

 ISBN 978-4-87891-471-3　C1021